세계사를 바꾼
21인의
위험한
뇌

출판은 사람과 나무 사이에서 이루어지는 가치 있는 일입니다.
도서출판 사람과나무사이는 의미 있고 울림 있는 책으로 독자의 삶을
좀 더 풍요롭게 만들기 위해 최선을 다하겠습니다.

세계사를 바꾼

21인의 위험한 뇌

고나가야 마사아키 지음
서수지 옮김
박경일(서울대병원 신경과 교수) 감수

사람과
나무사이

세계사를 바꾼 21인의 위험한 뇌

1판 1쇄 발행 2021년 4월 16일
1판 2쇄 발행 2021년 4월 23일

지은이 고나가야 마사아키
옮긴이 서수지
펴낸이 이재두
펴낸곳 사람과나무사이
등록번호 2014년 9월 23일(제2014-000177호)
주소 경기도 고양시 일산서구 강선로 142, 1701동 302호
전화 (031)815-7176 팩스 (031)601-6181
이메일 saram_namu@naver.com
디자인 박대성

ISBN 979-11-88635-44-3 03900

"오늘날 미국이 세계 최강대국이 된 배경에
한 전쟁 영웅을 괴롭힌 질병 '편두통'이 있었다."

— 본문 중에서

독자의 관심이 세계사의 흐름에 있든, 뇌 질환에 있든, 등장인물의 고뇌에 대한 공감에 있든, 역사의 진위를 따지는 일에 있든 이 책은 다양한 관심을 끌기에 너무나 좋다. 역사의 사실에 근거하여 질병을 추측하고, 현재 시점에서 치료가 가능한 질환을 되짚어보면서 이런저런 상상을 해보는 재미도 쏠쏠하다.

책 곳곳에 묻어나는 의학자로서의 섬세한 묘사에 나는 감탄했다. 저자와 같은 신경과 의사이기에 공감할 만한 내용도 적지 않았다. 이 책에는 정치, 예술, 스포츠 분야는 물론이고 고대신화 속 다양한 환자(?)들까지 등장한다. 저자는 치매, 뇌전증, 척수 질환, 수면 질환, 이상 운동 질환 등 대표적인 뇌질환을 망라하여 자세히 설명하면서 관련된 역사 이야기를 절묘하게 녹여낸다.

리타 헤이워스(Rita Hayworth)는 20세기 초반 아름다움의 상징으로 여겨졌던 배우다. 그런 그가 내가 개인적으로 최고 영화로 꼽는 〈쇼생크 탈출(The Shawshank Redemption)〉의 교도소 벽에 붙어 있던 포스터 주인공이라는 점을 이 책을 읽기 전까지 몰랐다. 인기 절정의 이 배우는 알코올 중독으로 인생 말년을 비참하게 보냈다. 유명인이 질병으로 고통받으며 불행한 삶을 살다가 인생을 마감한 사례는 그 밖에도 많다. 프랑스 시인 샤를 보들레르는 지나친 여성 편력의 결과 매독 합병증으로 사망한다. 슈베르트, 모파상도 매독에 걸려 고통받았다. 이들의 경우 매독이 창작 의욕을 높이는 데 기여했다는 긍정적 평가가 있긴 하지만 의사로서 안타까운 마음밖에 들지 않는다.

역사 속에서 뇌전증을 앓았다고 알려진 인물은 많다. 예컨대 잔 다르크가 신에게 받은 계시와 러시아 문호 도스토옙스키의 종교 체험이 뇌전증 발작으로 여겨진다. 뇌전증 증상은 과연 잔 다르크가 조국을 구하고 도스토옙스키가 세계 문학의 수준을 높이는 데 기여했을까? '그렇다'라고 단언하기는 어렵다. 뇌전증 발작은 좋은 느낌보다는 불쾌하거나 이상한 느낌을 줄 때가 많으며, 기억을 못하는 경우도 적지 않고 스스로 통제할 수도 없으므로 몇몇 긍정적인 결과는 역사 속 결과 해석일 가능성이 있다.

이 책에 등장하는 알츠하이머병, 혈관치매, 펀치드렁크 증후군, 헌팅턴병, 알코올 중독으로 인한 치매는 원인과 진행 과정은 제각각 다르지만 뇌 신경이 죽어가고, 그 결과 인지 기능이 나빠진다는 결과는 다르지 않다. '제1차 세계대전 이후 바이마르 공화국 대통령 힌덴부르크(Paul von Hindenburg, 재임 1925~1934)의 치매로 히틀러에게 정권이 넘어가지 않았더라면, 제2차 세계대전 기간 영국 해군 제독 더들리 파운드(Dudley Pound, 1877~1943)가 뇌종양으로 내린 비상식적 판단을 처칠이 막지 못했더라면' 같은 연이은 가정은 독자를 책 속으로 한 걸음 더 다가가도록 이끈다.

뇌질환이 역사를 바꾸었을까? 미국 남북전쟁에서 북군의 승리를 이끈 율리시스 심프슨 그랜트(Ulysses Simpson Grant, 1822~1885) 장군이 극심한 편두통을 겪은 직후의 감정 변화로 남북 대립을 해소하고 남군과의 전후 문제를 평화롭게 처리했다니 매우 적절하고 바람직한 결과가 아닌가. 사실 두통이 심할 때는 약물 치료 외에는 답이 없다. 두통이 사라졌을 때 남군 처리 문제를 논의했기에 망정이지 통증이 심할 때 중차대한 문제를 결정했다면 어땠을까?

치매에 걸린 힌덴부르크를 몰아낸 히틀러도 퇴행성 뇌질환에서 자유롭지 않았다. 히틀러의 파킨슨병은 역사의 사필귀정인가? 질병을 역사의 공과와 엮어서 생각할 필요까지는 없다고 본다. 그보다는 독자 여러분이 이 책을 읽으며 미국 포크송 가수이자 주요 등장인물인 우디 거스리(Woodrow Wilson Guthrie, 1912~1967)의 노래를 들어보기 바란다. 경제 불황에 회오리바람으로 인한 재난까지 덮쳐 길바닥을 방랑하면서 헌팅턴병이라는 불치병과 싸운 예술가의 애잔함이 느껴질 것이다.

유명인의 질환은 긍정적 사회 반향으로 이어지곤 한다. 디노 페라리 센터가 근이영양증 연구에, 거스리 센터가 헌팅턴병 연구에 기여하는 것이 그런 예다. 또 전 미국 대통령 로널드 레이건은 알츠하이머병 연구 재단을 만들었다. 이 흐름의 연장선에서 난치성 뇌질환이 정복되고 건강한 개인과 시대의 역사가 만들어지길 기대한다.

이런저런 의구심에도 불구하고 이 책의 성격을 한마디로 규정하라면 이렇게 말하고 싶다. "인간 뇌에 일어난 오작동이 일으킨 나비효과. 뇌질환이 바꾼 세계사의 장대한 판도를 날카롭게 파헤친 뛰어난 저작!" 질병과 역사의 관계에 관심 있는 독자라면 일독을 권한다.

— 박경일 서울대병원 신경과 교수

영웅과 리더의 뇌에 침투한 질병이 세계사의 물줄기를 바꾸다

오늘날 미국이 세계 최강대국이 된 배경에 한 전쟁 영웅을 괴롭힌 질병 '편두통'이 있었다. 그 주인공은 남북전쟁(American Civil War, 1861~1865)을 승리로 이끈 북군 총사령관 율리시스 심프슨 그랜트 장군이다.

60만 명의 사망자를 내며 4년간 전개된 남북전쟁은 압도적 화력에 힘입은 북군의 승리로 끝났다. 남군사령관 로버트 리(Robert Edward Lee) 장군은 그랜트 장군에게 사자를 보내 항복의 뜻을 전했다. 그는 상당한 대가를 치를 것을 각오했다. 그랜트가 '무자비한 학살자'라고 불릴 정도로 냉혹한 인물이기 때문이었다. 그러나 뜻밖에도 그랜트 장군은 "전쟁은 끝났소. 반란군이 다시 우리 국민으로 돌아왔소"라고 말하며 남군 장병을 고향으로 돌아가게 해

율리시스 심프슨 그랜트

주었을 뿐 아니라 식량까지 제공해주었다.

당시에는 몰랐으나 이때가 바로 미국사와 세계사의 물줄기가 획기적으로 달라지는 순간이었다. 그랜트 장군의 관대한 처분이 남부와 북부의 더 큰 분열을 막고 하나의 국가로 건재하게 함으로써 훗날 초강대국 미국의 기틀을 다지는 데 결정적으로 기여했기 때문이다.

그랜트 장군이 남군 장병들에게 그토록 관대한 처분을 내린 이유가 뭘까? 그를 오랫동안 괴롭힌 편두통의 영향이 컸다. 마지막 격전 중에도 그는 극심한 두통에 시달렸으나 리 장군의 사자가 도착했을 때 기적적으로 두통이 사라졌다. 이 예기치 않은 상황이 그의 심경에 변화를 일으켰고, 이튿날 회담장에서 리 장군을 만나 뜻밖의 관대한 처분을 내린 것이다. 한 전쟁 영웅을 괴롭힌 뇌질환이 세계사의 물줄기를 바꾸는 순간이었다!

'바이마르 공화국(Weimarer Republik) 대통령 파울 폰 힌덴부르크의 뇌가 치매로 인해 판단력과 분별력을 상실하지 않았다면?' 광기에 사로잡힌 독재자 아돌프 히틀러(Adolf Hitler, 재임 1934~1945)는 등장하지 않았을지 모른다. 그랬다면 나치스에 의한 유대인 600만 명 학살사건도, 수천만 명이 사망하는 제2차 세계대전의 비극도 없지 않았을까.

힌덴부르크는 독일제국(Deutsches Keiserreich)이 자랑하는 전쟁 영웅이었다. 제1차 세계대전이 발발하자 퇴역 장군에서 현역으로 복귀한 그는 타넨베르크(Tannenberg) 전투에서 20만 러시아군을 섬멸함으로써 국민적 영웅으로 떠올랐다. 이후 그는 독일이 항복하며 은퇴 생활로 돌아갔으나 바이마르 초대 대통령 프리드리히 에베르트(Friedrich Ebert, 재임 1919~1925)가 급사하는 바람에 타넨베르크에서 세운 공을 인정받아 대통령이 되었다.

당시 바이마르 공화국은 제1차 세계대전 패배 후유증을 극복하고 '황금의 20년대(Goldene Zwanziger)'로 불리는 시절을 보내고 있었으나 허울뿐이었다. 국가 경제 전반에 거품이 끼어 내실이 없고 위태로운 상태였다. 묘하게 힌덴부르크 대통령의 상태도 그와 비슷했다. 겉만 번지르르할 뿐 실속이 없었다. 그의 재임 이후 '황금의 20년대'는 서서히 막을 내리기 시작했다. 그 무렵 힌덴부르크의 부관이자 아들인 오스카어 폰 힌덴부르크(Oskar von Hindenburg), 오토 마이스너(Otto Meissner) 비서실장, 국방부 고위 관료 쿠르트 폰 슐라이허(Kurt von Schleicher) 삼인방이 그를 보좌하고 있었다. 힌덴부르크는 잘 먹고 잘 마시고 잘 자며 대부분의 정치적 판단을 그들에게 맡겼다. 삼인방에게 질문하면 그들의 답변이 대통령의 의사가 되었고 국가 정책이 되었다. 정치가 제대로 굴러갈 리 없고 국가 기강이 바로설 리 없었다.

나라는 갈수록 혼란스러워졌다. 기회를 놓치지 않고 급속히 세력을 키운 나치스의 히틀러가 차기 대통령 자리를 노리고 출마했다. 주위의 강한 권유로 대통령 선거에 재출마한 힌덴부르크는 치열한 접전 끝에 대통령에 당선되었다.

재선 대통령이 된 직후 힌덴부르크는 히틀러와 나치스의 위험성을 간파하고 군사 조직을 금지하는 등 제어하려 했으나 역부족이었다. 엎친 데 덮친 격으로 자신이 총리에 임명한 프란츠 폰 파펜(Franz von Papen)과 삼인방 중 한 명인 슐라이허 등에게 농락당하며 점점 더 무능한 리더가 되어갔다. 결국 힌덴부르크는 저항 의지를 상실한 채 손발이 꽁꽁 묶이는 신세가 되었다. 이미 그는 지적 능력이 떨어져 정상적으로 대통령직을 수행할 수 있는 상태가 아니었다. 게다가 나치스가 국방군을 집어삼키고 제네바의 국제연맹에서 탈퇴하는 등 중차대한 안건을 음흉한 자들이 준비해둔 서류에 서명하는 등 무책임하게 처리했다. 그 무렵 저잣거리에는 "대통령은 비서실장이 내미는 서류를 묻지도 따지지도 않고 서명하고, 먹다 남긴 샌드위치 포장지에도 펜을 휘갈겨 서명한다"라는 소문이 떠돌았다.

전쟁 영웅 힌덴부르크 장군은 왜 그토록 무능한 대통령이 되어 나라를 망치고 세계사에 씻을 수 없는 과오를 남겼을까? 그가 판단력과 책임감을 상실하여 중차대한 국가적 사안에 어리석은 결정을 반복하고, 마침내 히틀러와 나치스에게 권력을 송두리째 넘기게 된 배경에는 뇌질환 치매가 있었다. 절체절명의 시기에 한 국가 지도자의 뇌를 장악한 질병이 그의 나라와 세계사의 물줄기를 돌려놓는 극적인 상황이었다!

이 책에는 뇌하수체 종양의 영향으로 로마제국을 멸망 위기로 몰고 간 거인 황제 막시미누스 트락스(Gaius Julius Verus Maximinus Thrax, 재위 235~238) 이야기, 백년전쟁 당시 프랑스를 구해낸 잔 다르크(Jeanne d'Arc, 1412~1431)의 영웅적 행동이 그의 뇌를 지배한 측두엽 뇌전증 때문이라는 놀라운 이야기, 영국 해군제독 더들리 파운드가 뇌종양으로 인한 치명적 오판으로 제2차 세계대전의 판도를 송두리째 바꾸고 연합국을 패전으로 이끌 뻔한 이야기 등 21명 역사적 인물들의 뇌에 침투하여 중요한 순간에 돌이킬 수 없는 결정을 하게 함으로써 세계사를 바꾼 흥미진진한 이야기로 빼곡하다.

이 책을 통해 독자 여러분이 질병과 세계사의 복잡 미묘하고도 역동적인 관계에 관한 작은 통찰을 얻게 되길 바란다.

차례

2

로마 황제를 파멸시키고 로마제국을 멸망으로 몰고 간 끔찍한 질병 — 뇌하수체 거인증·말단비대증

3

클레오파트라는 왜 '맹독성 코브라'를 자살 도구로 사용했을까 — 코브라 독·중증근무력증

PART 2

강대국 리더들이 결정적 오판으로 역사의 물줄기를 돌려놓게 한 치명적 뇌질환

4
그랜트 장군의 뇌에 침투하여 남북전쟁의 흐름을 바꾸고 미국사와 세계사의 판도를 바꾼 질병 — 편두통

5
바이마르 공화국의 힌덴부르크 대통령을 히틀러의 꼭두각시로 만들어 세계대전을 촉발한 질병 — 치매

9

인민의 영웅 마오쩌둥을 바보로 만들고 중국 공산당을 추악한 권력투쟁의 복마전으로 만든 질병 — 근위축측삭경화증(루게릭병)

10

최고 지도자 브레즈네프의 지능을 저하시켜 소련 붕괴의 방아쇠를 당긴 질병 — 혈관치매

01

BRAIN

무서운 질병이 영웅과 군주의 뇌를 조종하여 세계사를 뒤흔들어놓다

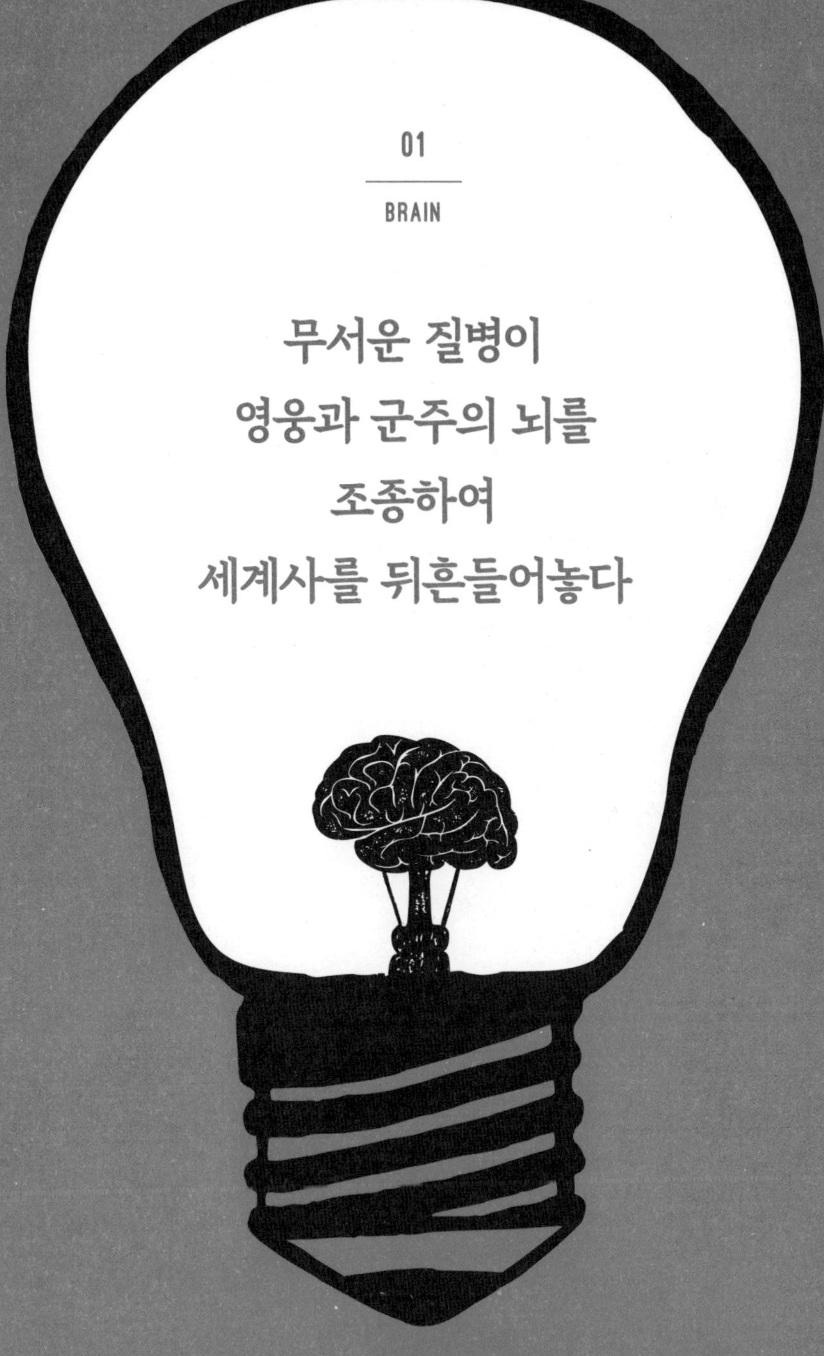

1.

잔 다르크와 도스토옙스키의 뇌를 지배하여 세계사와 세계 문학사를 바꾸다

— 측두엽뇌전증

잔 다르크를 화형대에서 죽게 한 진짜 죄목은
남자처럼 '바지를 입은 죄'와
'머리칼을 짧게 깎은 죄'였다는데?

어느 날 홀연히 빛이 나타났다. 자기를 감싼 빛 속에서 말로 표현할 수 없는 황홀감에 사로잡혀 신의 존재를 확인하고 천국을 체험한 사람이라면 이후 어떤 삶을 살게 될까? 종교에 귀의해 죽을 때까지 성스러운 길을 걷게 되지 않을까?

이슬람교의 창시자 무함마드(Muhammad)와 초기 기독교 전도자 성 바오로(Paulus, 바울) 모두 이와 같은 신비 체험이 계기가 되어 종교인으로 거듭났다고 전해진다. 이는 러시아 대문호 표도르 미하일로비치 도스토옙스키(Fyodor Mikhailovich Dostoevsky, 1821~1881)가 작품에서 언급한 내용이기도 하다.

중세 프랑스에도 신비한 종교 체험을 한 이가 있었다. 그의 이름은 잔 다르크. 어느 날 신의 목소리를 듣고 마음속에 성령이 충만한 상태로 잔 다르크는 사랑하는 조국 프랑스를 절체절명의 위기에서 구하기 위해 용감히 나섰고, 훗날 성녀로 추앙받았다.

나는 잔 다르크의 불가사의한 종교적 신비 체험을 신경학의 관점에서 충분히 설명할 수 있다고 생각한다. 어쩌면 여러분은 '성스러움'과 '감동'이 교차하는 순간에 찬물을 뒤집어쓴 것처럼 느낄지 모르겠지만 말이다.

1429년, 프랑스 북동부 동레미 마을의 양치기 소녀 잔 다르크는 당시 지긋지긋할 정도로 승부가 나지 않아 프랑스 민중을 무던히도 괴롭히던 영국과의 전쟁에 용감히 참전해 오를레앙에서 대승을 거두었다. 그러나 우리가 잘 알다시피 잔은 결국 영국군에게 사로잡혀 종교재판을 받고 이단으로 몰려 화형당하는 끔찍한 최후를 맞이했다. 그는 재판에서 다음과 같이 증언했다.

열세 살에 '신의 목소리'가 앞으로 제가 걸어가야 할 길을 알려주셨습니다. 처음에는 온몸이 벌벌 떨릴 정도로 무서웠어요. 여름 대낮에 아버지의 정원에서 그분이 저를 부르시는 목소리를 똑똑히 들었지요. (중략) 세 번째 빛을 보았을 때 저는 천사의 목소리라는 걸 분명히 깨달았습니다. (중략) 그 '목소리'는 제게 "프랑스를 구하라", "오를레앙으로 가라"라고 말씀하셨어요.

잔 다르크는 찬란한 빛 속에서 대천사 가브리엘을 목격했다고 재판에서 잔 다르크는 이단 판결을 받고 화형당했다.
그에게 씌워진 주요 죄목은 '신비 체험'이 아니었다.
그보다 그를 맹렬히 타오르는 불 속에 던져 넣게 한 것은
당시 여성에게 철저한 금기였던 바지를 입은 죄,
남자처럼 짧게 자른 머리칼 등이었다.

증언했다. "신의 사자가 임하여 황홀한 도취감을 느꼈으나 빛과 목소리가 갑자기 사라졌을 때는 허탈감에 눈물을 흘렸다"라고 고백하기도 했다.

"잔은 평소에 성당 종소리를 좋아해서 일부러 종을 쳐달라고 부탁하곤 했죠. 종소리를 들으면 무릎을 털썩 꿇고 무너지듯 주저앉았어요."

이는 훗날 동레미 사람들이 증언한 내용이다.

전투 중 영국군에게 사로잡혀 투옥된 그에게 또다시 '신의 목소리'가 찾아왔다. 잔 다르크는 당시의 상황을 다음과 같이 증언했다.

"어제는 세 번이나 '신의 목소리'가 찾아왔습니다. 아침 기도를 드릴 때, 저녁 기도를 드릴 때, 그리고 밤에 성모송을 바칠 때였습니다."

그가 기도를 드릴 때는 종소리가 울렸다.

재판에서 잔 다르크는 이단 판결을 받고 화형당했다. 그에게 씌워진 주요 죄목은 '신비 체험'이 아니었다. 그보다 그를 맹렬히 타오르는 불 속에 던져 넣게 한 것은 당시 여성에게 철저한 금기였던 바지를 입은 죄, 남자처럼 짧게 자른 머리칼 등이었다. 남장은 신의 가르침에 명백히 어긋나는 이단 행위로 규정되고 처벌되던 시절이었던 까닭이다. 당시는 기독교 원리주의 시대라 종교적 금기는 절대적이었으며 종교적 율법은 남녀의 복장에까지 엄격히 관여했다.

위대한 작가 도스토옙스키가 도박에 빠져 빚쟁이에게 시달렸다고?

러시아의 대문호 표도르 미하일로비치 도스토옙스키는 몸소 신비 체험을 했고, 그 체험을 자신의 문학 작품에 녹여냈다. 그는 기독교의 가르침에 바탕을 둔 영혼 구원을 주장하는 소설을 여러 편 썼다. 그의 내면에는 항상 두 가지 선명한 기억과 경험이 구렁이처럼 똬리를 틀고 있었다. 하나는 상트페테르부르크의 빈민가에서 생활하던 처절한 경험이며 다른 하나는 처형당하기 직전 극적으로 감형 처분을 받고 목숨을 건진 아찔한 기억이다. 그러나 신경학 전문가로서 내가 생각하기에 그는 이런 경험보다는 '황홀 발작'이라 부르는, 의학적으로 매우 희귀한 체험을 하며 신의 존재를 믿게 되었을 가능성이 농후하다.

도스토옙스키는 모스크바의 빈민 구제 병원에서 근무하던 의사의 차남으로 태어났다. 1821년의 일이었다. 성인이 된 그는 상트페테르부르크의 공병 사관학교를 졸업한 뒤 군인으로 복무하다 스물세 살에 퇴역해 작가로 생계를 꾸려나갔다. 그의 데뷔작인 『가난한 사람들(Bednye liudi)』(1846)은 문단에서 호평을 받았고 대중적으로도 큰 성공을 거두었다. 그러나 영광은 오래 가지 못했다. 그는 그야말로 혜성처럼 등장해 대중의 관심을 끌었으나 이후 이렇다 할 작품을 써내지 못하면서 소리 소문 없이 자취를 감추어가고 있었다.

문단의 중심에 섰다가 차츰 변방으로 밀려난 도스토옙스키는 공상적 사회주의를 신봉하는 무리의 반정부 운동에 연루되어 사형 선고를 받았다. 마침내 사형이 집행되는 날, 그는 감방에서 자기 차례를 조용히 기다리고 있었다. '째깍째깍……', 분침과 초침은 조금도 게으름을 피우지 않고 열심히 자기 할 일을 했고, 5분만 지나면 그는 '총구 앞'에 설 것이었다.

그 절체절명의 순간, 황제 니콜라이 1세의 사자가 도스토옙스키의 사형을 즉각 중지하라는 전갈을 들고 달려왔다. 사형 집행이 정지되고 도스토옙스키는 시베리아 유배로 감형 처분을 받았다. 도스토옙스키는 음모의 희생양이 되어 스물여덟 살에 사형수가 되었다가 죽음의 문턱에서 기적적으로 살아 돌아왔다. 나중에 그는 당시의 드라마틱한 경험을 살려 깊이 있는 심리 묘사가 돋보이는 작품을 다수 집필했고 전 세계적인 작가의 반열에 올랐다.

1859년, 도스토옙스키가 시베리아에서 형기를 모두 채우고 병역까지 마친 후 상트페테르부르크로 돌아왔을 때 그의 나이는 어느덧 서른여덟 살이 되었다. 이때부터 그는 『악령(Bésy)』(1871~1872)과 『백치(Idiót)』(1868~1869) 등 수많은 소설을 집필하는 바실리 페로프가 그린 표도르 도스토옙스키 초상화. 1872년작.

한편 룰렛 도박에 빠져 막대한 액수의 빚을 졌다. 그는 빚쟁이들에게 쫓겨 수시로 이사를 다녀야 했고, 심지어 빚잔치를 벌인 뒤 외국으로 도피한 적도 있었다. 빚에 허덕이는 『죄와 벌(Prestuplenie i nakazanie)』(1866)의 주인공 라스콜니코프(Raskolnikov)는 어쩌면 작가 자신의 분신일 수도 있다. 아무튼 그런 이유에서인지 도스토옙스키가 도박벽과 함께 방랑벽을 앓았다는 설도 있다.

도스토옙스키는 소설 『카라마조프가의 형제들(Brat'ya Karamazovy)』(1879~1880)을 집필한 뒤 그 이듬해에 피를 토하고 60년의 파란만장한 생을 마감했다.

신혼여행 중 갑자기 입에 거품을 물고
쓰러져 눈동자를 희번덕거리는 새신랑

어느 지인이 시베리아에서 유형 중이던 도스토옙스키를 찾아와 대화를 나누고 있을 때 뜬금없이 도스토옙스키가 외쳤다.

"신은 존재한다. 그분은 분명히 존재하신다!"

그때 마침 근처의 성당에서 부활절 축일을 맞아 종을 치고 있었다.

"주변의 공기가 빛나며 성령이 임하셨고, 천국이 지상으로 내려와 나를 감싸는 듯한 느낌이었다. 나는 진실로 그분의 존재를 느꼈다. 신이 내 안에 들어오셨다. '신은 존재한다!'라고 나는 소리 높여 외쳤다. 그리고 그 후 기억이 끊어져 아무것도 기억나지 않는다."

당시의 일을 도스토옙스키는 이렇게 증언했다.

시베리아에서 유형 생활을 하던 도스토옙스키는 첫 번째 결혼식을 올렸다. 1857년 2월의 일이었다. 한데 결혼식을 마치고 떠난 신혼여행 길에서 그는 극심한 발작을 일으켰다. 갑자기 거품을 물고 쓰러져 눈동자를 희번덕거리는 새신랑을 본 신부는 하마터면 까무러칠 뻔했다. 당시 유형 중이던 죄수들을 돌본 군의관은 다음과 같은 의무 기록을 남겼다.

"1850년(그의 나이 29세)에 첫 번째 발작을 일으켰다. 비명, 의식불명, 팔다리와 안면 경련, 입에 거품을 물고 숨을 헐떡였다……. 발작 시간은 15분, 이후 발작이 약해지다가 서서히 회복되었다. 1853년, 재발. 이후 매월 말 발병."

첫 발작 이후 증상은 사라지지 않았다. 그는 첫 번째 아내와 사별한 후 구술 필기를 담당하던 비서 안나 스니트키나(Anna Grigoryevna Snitkina)와 재혼했다. 1867년의 일이었다. 안나는 일기에 남편의 발작 상황을 자세히 기록했다. 그의 일기에 따르면, 거의 한 달에 한 번 꼴로 발작이 일어났다. 그는 전형적인 야행성 인간으로, 집필을 마치고 잠자리에 들 시간인 새벽 무렵에 주로 발작을 일으켰다.

대표작 중 하나인 『백치』에서 미쉬낀 공작이 발작을 일으키는 상황을 묘사하는 장면에서 도스토옙스키는 다음과 같이 자신의 체험을 이야기한다.

> 발작이 일어나기 직전에는 특정 단계가 있다. 다만 발작은 의식이 깨어 있을 때 일어나야 한다. (중략) 이 단계에 들어서면 우수와 정신적 암흑, 그리고 가슴을 쥐어뜯는 듯한 답답함을 느끼다가 느닷없이 뇌가 활활 타오르는 느낌이 들며 순식간에 생명력에 불이 붙는다. 살아 있다는 의식과 감각은 그 순간 열 배나 커지며 번개처럼 나타났다가 사라진다. (중략) 환희와 희망으로 벅찬 가슴에 지성과 신성이 충만하게 찾아든다.

측두엽뇌전증 환자에게 나타나는,
존재하지 않는 냄새를 느끼는 '환취'와
존재하지 않는 목소리를 듣는 '환청' 증상

신을 제 눈으로 생생히 목격했다고 말하며 몸에 극심한 경련을 일으킨 사람이 병원에 실려와 정밀검사를 받았다. 잔 다르크와 도스토옙스키가 살았던 시대로부터 물 흐르듯 시간이 흘러 20세기 후반에 접어들어서의 일이다.

그 환자는 예순한 살 여자였다. 다음의 내용은 그의 검사 기록 중 일부다.

그가 '신을 봤다'라고 큰 소리로 외친 게 첫 번째 증상이었다. 이후 낮에도 같은 말을 하며 비슷한 증상을 보였다. 그리고 그는 '천국에 다녀온 기분이다!', '벅찬 환희로 가슴이 터질 것만 같다. 마음속에서 감사하는 마음이 샘처럼 솟아나고 눈에서 눈물이 솟구친다', '햇빛 아래 만물이 빛나는 모습을 하고 있음을 신께서 내게 일깨워주셨다!'와 같은 말을 반복해서 했다.

담당 의사는 여자의 뇌를 검사한 결과, 수면 중 왼쪽 측두엽에서 '극파(뇌전증의 특징적 뇌파로 발생하는 뾰족한 형태의 파형)'를 관찰했다. 그는 이 부분에 비정상적인 흥분을 일으키는 신경세포가 존재한다는, '뇌전증뇌파' 소견을 냈다.

뇌전증(Epilepsy)은 뇌의 신경세포가 갑자기, 그리고 반복적으로 흥분하는 과정에서 생기는 질병이다. 근육이 제멋대로 움직이거나 의식이 일시적으로 사라지는 등 비교적 가벼운 증상도 있는데, 신경세포 흥분이 뇌의 광범위한 부분에 영향을 미치면 도스토옙스키에게 나타났다는 전신성 발작도 일어날 수 있다. 이 병은 심하게 경련을 일으키다가 의식이 없어지므로 '대발작'이라고 부르기도 한다.

발작의 방아쇠가 되는 신경세포의 기능에 따라 특징적 증상이 나타나기도 한다. 전조 증상이 나타났다가 대발작으로 이어지는 사례도 더러 있다. 대뇌피질에 있는 근육에 '움직이라'는 지령을 내리는 운동영역(Motor Area) 신경세포가 방아쇠를 당기면 손 등 몸의 일부분에서 경련이 시작되어 온몸으로 퍼져나가며 대발작으로 이어진다. 이것은 '잭슨 발작(Jacksonian seizure)'이라고 불리는 유형이다.

측두엽에 방아쇠가 있다면 측두엽의 역할에 관여하는 증상이 나타난다. 측두엽 하부는 이른바 대뇌변연계의 중요한 부분으로 감정 작용 등과 연관이 있다.

대뇌변연계에 있는 편도체라는 신경세포 집단은 다양한 정보에서 호불호를 판정하고 희로애락 감정을 생성한다. 편도(扁桃)는 '아몬드'라는 의미인데, 우리가 주전부리로 즐겨 먹는 아몬드처럼 생겼다고 해서 붙은 이름이다. 당연히 이 편도핵은 감각계 등 뇌의 다양한 부위와 서로 활발히 연락을 주고받는다. 이 부분의 신경세포에 비정상적인 흥분이 발생하면 이런저런 환각(환시와 환미), 감정과 의식 변화, 몽환 상태, 자동운동 등의 다양한 증상이 나타날 수 있다.

측두엽뇌전증 발작은 의식 상실이나 경련을 반드시 동반하지는 않는다. 실제로 존재하지 않으나 냄새를 느끼는 증상인 '환취'

나 존재하지 않는 목소리를 듣는 '환청'을 경험하게 되고 의식과 기분, 기억의 급격한 변화 등의 증상이 주로 나타난다.

잔 다르크와 도스토옙스키의 뇌를 지배하여 세계사와 세계 문학사를 바꾼 측두엽뇌전증

소리나 음성을 인식하는 청각기능은 측두엽에 있고 이 부분의 병변으로 환청이 일어날 수 있다. 또 환청을 비롯한 환각 내용은 그 사람의 정신 상태에 따라 달라질 수 있어 신앙심이 돈독한 사람의 경우 신이나 신의 사자의 목소리를 들을 확률이 높다.

잔 다르크도 도스토옙스키도 측두엽뇌전증 환자로 추정할 수 있다. 독실한 기독교 신자였던 잔 다르크는 성당의 종소리를 듣고 신비 체험을 했으며 '프랑스를 구하라'라는 신의 목소리를 들었다. 마찬가지로 언제나 신을 의식하던 도스토옙스키도 종소리를 듣고 발작이 시작되어 마침내 종교적 내용의 환각과 도취감을 경험했다.

도스토옙스키가 황홀 발작이 일어난 순간을 자신의 소설 작품에 생생히 묘사한 부분을 두고 뇌전증의 권위자가 '대문호의 창작 능력이 빛을 발했다'라고 평가하여 한때 그의 신비 체험의 진위에 의혹의 눈길이 모아진 적이 있다. 그러나 앞에서 소개한 증상과 같이 현대 의학에서 정밀검사가 이루어져 상세히 증상이 기록된 황홀 발작 환자의 경우 측두엽에 전형적인 뇌전증뇌파가 관찰되며, 지금은 도스토옙스키가 측두엽뇌전증 환자였다는 의견이 정설로 받아들여진다.

신앙의 힘에 의지해 프랑스를 백년전쟁이라는 절체절명의 위기에서 구한 잔 다르크와 『죄와 벌』, 『카라마조프가의 형제들』 등의 수많은 주옥같은 명작을 써내어 오늘날까지 많은 사람에게 칭송받는 도스토옙스키. 한번 가정해보자. 그들이 만일 뇌질환, 좀 더 구체적으로 측두엽뇌전증을 앓지 않았다면 프랑스 역사와 유럽사, 그리고 러시아 문학사와 세계 문학사는 어떻게 달라졌을까? 나는 '위대한 인물, 잔 다르크와 도스토옙스키의 병든 뇌가 세계사의 물줄기를 바꾸고 세계 문학사의 수준과 품격을 한 차원 높였다'고 생각한다.

뇌전증은 원인 불명으로 발생할 수도 있고 뇌졸중이나 종양 등 다양한 원인이 뇌신경세포의 비정상적인 흥분을 일으켜서 발생하기도 한다. 도스토옙스키가 살던 시대와 달리 요즘에는 좋은 약이 많이 나와 있어 발작을 억제할 수 있을 뿐 아니라 인내심을 가지고 꾸준히 치료하면 완치되는 경우도 적지 않다.

그러나 몸과 마음이 비교적 건강한 편이라고 경련 발작을 어중간하게 치료하거나 약을 꾸준히 규칙적으로 복용하지 않으면 발작이 재발할 수 있다. 심한 경우 자동차 운전 중 발작을 일으키는 환자도 있어 엉뚱한 사람까지 말려드는 큰 사고로 이어진 사례도 있다. 그러므로 이 병을 앓는 환자는 포기하지 말고 꾸준히 치료받을 필요가 있다.

뇌질환으로 인해 발현되는 환각 증상

나도 환각 체험을 한 적이 있지만 아쉽게도 황홀한 도취감은 경험하지 못했다. 대학 입시를 일주일 앞둔 재수생 시절의 일이었다. 당시 나는 학생 운동으로 도쿄대 입시가 중지되는 등 사회적으로 어수선하고 혼란스러운 상황에서 입시를 준비하고 있었다. 어려운 형편에 뒷바라지하느라 고생하시는 부모님께 더는 부담을 드리고 싶지 않았기에 '이번이 마지막'이라는 절박한 심정으로 하루하루 공부에 몰두했다.

그날따라 이상하게 피곤해서 저녁나절 억지로 욱여넣은 지식으로 머릿속이 꽉 차 멍한 상태로 침대에 누워 있었다. 바로 그때였다. 갑자기 큰 목소리가 "마사아키!"라며 내 이름을 불렀다. 얼핏 들으면 아버지 목소리 같기도 하고 아버지보다 훨씬 위엄 있는 누군가의 목소리처럼 들리기도 했다. 나는 반사적으로 "네!"

하고 대답하며 벌떡 일어났다. 그러나 아무리 주위를 둘러보아도 방 안에는 나 말고는 아무도 없었다. 이후 나는 무언가에 홀린 듯 침대에서 일어나 책상에 앉은 다음 풀다 만 방정식을 다시 풀기 시작했다. 그러나 황홀한 도취감은 전혀 느끼지 못했다. 사실 신비 체험이라고 하기에 조금 모호한 경험이기는 하다.

환각은 조현병처럼 정신질환이나 각성제와 같은 약물의 영향으로 나타나는데 뇌질환으로도 발현될 수 있다. 시각중추가 있는 후두엽에 장애가 발생하면 환시, 즉 그 자리에 없는 사람이나 존재하지 않는 대상을 보는 현상을 종종 관찰할 수 있다.

뇌종양과 혈관 장애로도 환각이 발생할 수 있고, 흔히 광우병으로 알려진 크로이츠펠트—야코프병(Creutzfeldt-Jakob Disease, CJD)에 걸린 환자에게서 최초로 나타나는 증상이기도 하다. 또 최근 주목받는 레비소체(Lewy body) 치매라는 파킨슨증(Parkinsonism, 파킨슨병의 주요 증상은 떨림, 근육강직, 느린행동, 걸음걸이 이상 등이다. 의학적으로 이러한 증상 자체를 '파킨슨증'이라고 부르는데, 파킨슨증이 나타나는 병은 파킨슨병 이외에도 다양하다)과 관련이 깊은 질환에서도 환시를 경험하는 환자가 적지 않다.

측두엽에는 다양한 기능이 있어 이 부위에 병변이 발생하면 다채로운 환각을 경험하게 된다. 청각중추로 인해 환청이 일어나는 사례도 있다. 그 밖에 환취와 환미, 처음 본 대상을 이전에도 봤다고 느끼는 기시감, 반대로 익숙한 풍경을 처음 봤다고 느끼는 미시감 등도 일어난다. 모두가 타는 듯한 이취(異臭)를 느끼는 환취는 측두엽뇌전증의 전조로 의학계에서는 이미 유명한 증상이다.

지금까지 나는 딱 한 번 환청을 경험했는데, 그로부터 50년 가까운 세월이 지나는 동안 정신과적 증상과 중추신경 장애는 전혀 발생하지 않았다. 물론 그때나 그 이후로 나는 단 한 번도 수상한 약물에는 손을 대지 않았다. 그저 입시에 합격하여 짜릿한 도취감을 맛보고 몇 년이 지난 뒤 강력한 긴장 상태에서는 정상인이라도 얼마든지 환청을 경험할 수 있다는 정신과 교과서를 읽고 병이 아니라는 사실에 가슴을 쓸어내리며 안도했을 따름이다.

2.

로마 황제를 파멸시키고 로마제국을 멸망으로 몰고 간 끔찍한 질병

— 뇌하수체 거인증·말단비대증

유럽 국가에 유독
'막시밀리안 왕'이 많았던 이유

유럽 역사에는 '막시밀리안(Maximilian)'이라는 이름을 가진 황제나 왕, 귀족이 자주 등장한다. 이 이름은 특히 600여 년의 긴 시간 동안 대가 끊이지 않고 이어지며 왕을 배출한 데다 16세기에는 광대한 영토를 아우르며 사실상 유럽의 패자로 군림했던 합스부르크 가문에서 자주 발견된다. 실제로 이 가문에는 막시밀리안이라는 이름을 가진 황제가 몇 명이나 존재했으며, 막시밀리안을 줄인 '막스(Max)'나 '막심(Maxim)' 등의 이름을 가진 귀족도 많았다. 참고로 유럽인의 이름은 마이클(Michael)이나 존(John), 마리아(Maria)와 같은 기독교 성인의 이름이 많은데 막시밀리안은 전혀 다른 맥락을 가지고 있다. '막시밀리안'은 무슨 뜻일까? 이는 '크다', '거대하다'라는 의미로 '존귀하고 거대한 황제', 혹은 '대귀족'의 뉘앙스를 담고 있다.

"크면 클수록 좋다"라는 말이 있다. 몸집이 큰 사람은 보기만 해도 듬직하다. 여기에 더해 인품까지 넉넉하고 그릇이 크다면 흠잡을 데 없는 위인이라 할 만하다. 『탈무드(Talmud)』에는 "사자의 꼬리가 될지언정 여우의 머리가 되지 말라"라는 말이 있다. 동물의 왕 사자처럼 크고 힘센 자에게 사람들은 안도감을 느끼고 그 아래에 모여든다. 또 "비를 피할 때는 작은 나무보다는 큰 나무가 낫다"라는 말도 있다.

2016년, 미국 대통령 선거전 과정에 부정적 이미지에 초점을 맞춘 보도가 난무하던 도널드 트럼프(Donald John Trump) 후보는 불우한 환경의 가난한 백인들의 마음을 사로잡아 당선되었다. 191센티미터의 큰 키에 듬직한 체격, 아무리 거센 비판과 비난이 휘몰아쳐도 전혀 위축되지 않고 '미국 우선주의(America First)'를 거침없이 외치는 모습에 카타르시스를 느끼고 강력한 리더십을 기대한 사람이 많았던 모양이다.

트럼프 외에도 큰 키와 체구의 정치 지도자를 쉽게 찾아볼 수 있다. 남북전쟁에서 승리하고 노예해방의 위업을 이루어 오늘날 미국인들이 가장 존경하는 지도자로 손꼽히는 에이브러햄 링컨(Abraham Lincoln, 재임 1861~1865) 대통령과 프랑스를 나치스 독일의 압제에서 해방시킨 영웅으로 추앙받는 샤를 드골(Charles de Gaulle, 재임 1959~1969) 대통령이 대표적이다. 참고로 링컨 대통령의 키는 193센티미터, 드골 대통령은 196센티미터다.

‘크면 클수록 좋다’라는 논리는 생물계 전반에 통용되는 듯하다. 실제 사례로, 오키나와의 유명 관광지인 추라우미 수족관에 가서 물고기의 세계를 관찰해보면 몸길이가 10미터에 가까운 거대한 고래상어 뒤로 올망졸망 크고 작은 물고기들이 졸졸 따라다니는 모습을 볼 수 있다.

아무튼 유럽 황제와 귀족에게 유독 ‘막시밀리안’이라는 이름이 많은 이유는 뭘까? 그 수수께끼를 푸는 중요한 실마리를 막시밀리안이라는 이름을 가진 거대한 체구의 고대 로마 황제에게서 찾을 수 있다.

로마제국을 치명적 위기에 빠뜨린
군인 황제 시대를 연 장본인 막시미누스와
그의 뇌를 조종한 질병
‘뇌하수체 거인증’과 ‘말단비대증’

율리우스 카이사르(Gaius Julius Caesar)는 2,000년 넘는 기나긴 로마 역사에 있어 가장 먼저 거론되곤 하는 위대한 인물이다. 그는 로마제국이 유일 패권국가이자 명실상부한 세계 제국으로 나아가는 기반을 사실상 닦은 주인공이라 할 수 있다. 카이사르의 공을 제외하고 로마사를 논할 수 없을 정도로 그는 중요한 역할을 했다.

아무튼 카이사르에 의해 튼튼한 기반을 다지고 세계 제국으로 발전해 나간 로마는 오늘날 세계문화유산으로 남아 있는 '하드리아누스 방벽(Hadrian's Wall)'을 세운 하드리아누스(Publius Aelius Trajanus Hadrianus, 재위 117~138), 트라야누스(Marcus Ulpius Trajanus 재위 98~117), 안토니누스 피우스(Antoninus Pius, 재위 138~161) 같은 걸출한 황제가 연이어 등장하는 '5현제 시대'를 맞이하면서 인류 역사상 최고의 번영을 구가했다.

지중해를 중심으로 유럽에서 북아프리카와 중동을 아우르는 드넓은 지역으로 로마제국의 영역이 크게 확장되고 팍스 로마나(Pax Romana, 로마의 지배력에 의한 평화)라고 불리는 안정과 평화의 시대가 바야흐로 찾아왔다. 그 무렵 군사 시설은 물론이고 민중을 위한 병원과 경기장, 대중목욕탕 등의 공공시설도 각지에 활발히 건설되었다.

그러나 달도 차면 기울고 무더운 여름이 이어지면 가을을 지나 추운 겨울이 닥치듯 안정과 평화는 그리 오래 지속되지 않았다. 위대한 황제들이 통치하던 5현제 시대가 지나자 로마의 흑역사를 장식한 최악의 황제들이 줄줄이 제위에 오르며 제국의 번영이 막을 내리고 혼란의 시대가 찾아왔다. 2세기 말엽의 상황이다. '미치광이'로 악명 높은 칼리굴라(Caligula, 재위 37~41), '폭군'이라는 수식어가 항상 따라붙는 네로(Nero, 재위 54~68)에 엉뚱한 장난과 괴팍한 행동으로 이름을 남긴 엘라가발루스(Elagabalus, 재위 218~222) 같은 황제들이 한 시대를 풍미했다.

네르바로부터 시작되어 트라야누스, 하드리아누스, 안토니누스 피우스를 거쳐 『명상록(Ton eis heauton diblia)』의 저자로도 유명한 철인 황제 마르쿠스 아우렐리우스(Marcus Aurelius, 재위 161~180)로 이어지는 로마 최고의 번영기이자 인류 역사상 가장 행복한 시기로도 꼽히는 '5현제 시대'. 당대의 로마인들에게 번영과 평화는 영원할 것만 같았을 것이다. 그러나 쇠락의 시기는 뜻밖에도 빨리 찾아왔다. 5현제 시대의 마지막 주자 마르쿠스 아우렐리우스가 죽고 그의 아들 콤모두스(Commodus, 재위 176~192)가 제위를 이어받아 거대한 제국을 혼란과 광기로 몰아넣더니 그 후 또 많은 우여곡절을 거친 뒤 엘라가발루스 같은 엽기적인 황제가 나타나 제국을 엉망으로 만들었다. 이미 세계 제국으로서의 위상을 크게 흔들어놓은 로마를 거의 멸망 직전까지 몰고 간 것은 '군인 황제 시대'에 이르러서였다.

로마제국을 치명적인 위기에 빠뜨린 군인 황제 시대를 연 인물은 누구일까? 바로 이번 이야기의 주인공 막시미누스 트락스 황제다. 그리고 어쩌면 좋은 황제는 못 될지언정 로마제국을 망치는 최악의 군주가 되지는 않을 수도 있었던 막시미누스를 멸망의 길로 몰고 간 장본인이 바로 '뇌하수체 거인증(Pituitary gigantism)'과 '말단비대증(Acromegaly)'이라는 뇌질환이라고 나는 확신한다. 다시 말해 막시미누스 트락스 황제의 뇌에 생긴 뇌하수체 종양에 의한 거인증과 말단비대증이라는 질병이 그의 운명은 물론이고 이후 로마제국의 운명마저 좌우한 셈이다. 이 관점에서 나는 이번 이야기를 풀어가고자 한다.

병사들은 겁쟁이에 자질을 갖추지 못한 황제를 암살하고 카리스마 넘치는 자신들의 사령관에게 보랏빛 망토를 둘러주었다. 보라색은 황제에게만 허용되는 색깔이었다. 병사들의 추대로 막시미누스 트락스는 황제가 되었다. 이는 하드리아누스 황제 시대로부터 100여 년이 지난 235년의 일이다.

173년, 막시미누스는 발칸반도의 북동쪽 지역인 트라키아에서 태어났다. 열여덟 살 나이에 군대에 들어간 막시미누스는 엄청난 괴력의 소유자로 짐을 가득 실은 짐수레를 혼자서 끌 정도로 힘이 셌다. 로마 군단의 짐수레는 크고 튼튼하고 굉장히 무거워서 많은 사람이 한꺼번에 힘을 모아야만 움직일 수 있었기에 그가 얼마나 대단한 힘을 가진 사람이었는지 짐작할 수 있게 하는 대목이다. 그 밖에도 막시미누스의 완력을 증명하는 일화는 많다. 그중에는 그가 한 번에 열여섯 명을 상대로 격투를 벌여 그들 모두를 곤죽으로 만들어놓았다는 일화도 있다. 막시미누스는 체구가 크고 당당할 뿐 아니라 군사적 재능과 지도력까지 겸비했기에 사람을 보는 눈이 뛰어난 황제의 눈에 들어 백인대장 또는 백부장으로 번역되는 켄투리오(Centurion, 60~100명 정도 규모의 군대를 이끄는, 오늘날의 '소대장'에 해당하는 계급)에 발탁되었다. 병사들 사이에서 인기가 높던 막시미누스는 훗날 로마 시민권을 가진 외국 출신자로서는 최초로 황제가 되었다.

휘하 병사들의 기대를 한몸에 받고 제위에 오른 막시미누스는 황제가 된 후 사람이 백팔십도 달라졌다. 셰익스피어는 "왕관을 쓰고자 하는 자는 그 무게를 견뎌내야 한다"라고 말했다. 셰익스피어 식으로 말하자면, 막시미누스는 '왕관의 무게'를 견딜 깜냥이 안 되는 인물이었던 모양이라 왕관을 쓰자마자 딴판으로 변해버렸다. 그는 시민들에게 도저히 받아들이기 힘들 정도로 무거운 세금을 물리고 괴팍한 짓을 일삼는 폭군으로 돌변했다. 게다가 갑자기 의심병이 생겨 망상에 시달리며 잔혹한 형벌과 박해를 일상적으로 저질렀다.

막시미누스의 폭정에 시달리던 민중이 참다못해 각지에서 반란을 일으켰다. 그리고 급기야 그는 부하들의 손에 암살당했다. 238년의 일로, 막시미누스가 제위에 머무른 것은 고작 3년간이었다.

이후 로마제국은 멸망의 그늘이 짙게 깔린 군인 황제 시대로 접어들었다. 병사들이 추대한 장군이 차례로 제위에 올랐다가 암살당하거나 싸움에 패해 사망함으로써 황제 자리에서 물러났다. 막시미누스는 자신을 황제로 추대한 병사들의 기대에 어긋나는 행보를 보였으나 '거인 황제'의 이미지만은 후세에 확실히 전달한 셈이다.

막시미누스의 폭정에 시달리던 민중이
참다못해 각지에서 반란을 일으켰다.
그리고 급기야 그는 부하들의 손에 암살당했다.
238년의 일로, 막시미누스가 제위에 머무른 것은 고작 3년간이었다.

막시미누스의 모습이 새겨진 동전

막시미누스 황제의 키가 260센티미터였다고?

막시미누스 트락스 황제의 키가 260센티미터였다는 기록이 있다. 앞에서 언급했듯이 그의 이름인 막시미누스 자체가 '크다'라는 의미를 갖고 있다. 지금도 유럽에는 '막시미누스의 부츠'라는 말이 있는데, 키가 장대처럼 크고 솥뚜껑처럼 커다란 손에 보트처럼 큰 발을 가진 사람을 가리키는 관용구다. 참고로, '맥시멈(maximum)'이라는 단어도 막시미누스에서 유래했다.

체구가 크고 힘이 센 데다 인격적으로도 훌륭한 사람이었다면 고래상어에게 붙어 다니는 빨판상어처럼 그의 곁을 지키며 끝까지 믿고 따르는 사람이 많았을 것이다. 그러나 막시미누스는 몸집이 크고 힘만 셀 뿐 성격에 문제가 있고 인품이 좋지 못하며 지도자의 자질을 갖추지 못했기에 비참한 결말을 맞이했다.

오늘날 루브르미술관에 소장된 막시미누스 황제의 흉상과 그의 얼굴을 새긴 동전 등을 보면 얼굴에서 눈썹 부분이 돌출되고 아래턱이 다부지게 발달한 것을 확인할 수 있다. 또 그는 엄청난 대식가여서 하루에 와인을 26리터, 고기를 13.5~18킬로그램이나 먹어 치웠다고 한다. 그는 마소처럼 많은 양의 음식을 먹고 마시는 사람을 지칭하는 '우음마식(牛飮馬食)'이라는 사자성어가 딱 들어맞는 인물이었다.

뇌하수체 종양으로 인한
말단비대증에 걸린 황제가
황후의 팔찌를 반지처럼 꼈다는데?

뇌하수체는 대뇌 아래쪽에서 뻗어 나와서 비강과 눈 안쪽에 자리 잡고 있다. 우리 뇌의 호르몬 사령탑으로 시상하부와 밀접하게 연관된 내분비기관(호르몬을 분비하는 장기)이다. 성장 호르몬과 성선 자극 호르몬, 갑상선 자극 호르몬, 부신피질 자극 호르몬 등을 분비한다.

뇌하수체 종양이 커지면 바로 옆을 지나는 시신경을 아래쪽에서 압박해 시야가 좁아지고 눈이 침침해진다. 뇌하수체 종양으로 성장호르몬이 대량으로 분비되면 막시미누스와 같은 거인증이 생길 수 있다. 현재 치료법은 수술로 종양을 제거하는데, 복합적인 이유로 수술을 할 수 없을 때는 약물요법과 감마나이프(Gamma Knife Radiosurgery) 등의 방사선 치료를 시행한다.

감마나이프란 헬멧 모양 기구에 201개의 코발트60을 나열한 장치다. 한 개 한 개의 방사선 에너지는 약하지만 뇌의 병변이 생긴 부위에 집중시켜 고에너지를 조사하는 치료법이다. 작은 종양과 이상 혈관이라도 나이프(메스)로 절제하듯 처리할 수 있어 '감마나이프'라고 부른다.

막시미누스 트락스 황제 시대에는 이 수술이 없었기에 비대해진 종양이 시신경을 압박하거나 성장호르몬을 비롯한 다른 호르몬에도 나쁜 영향을 미쳐 뇌와 몸이 차츰 엉망이 되었을 것으로 보인다. 그 결과, 몸과 마음이 불안정해지고 성격도 점점 더 괴팍해졌을 공산이 크다.

사람이 얼마나 커야 '거인증'으로 분류할 수 있을까? 소년기에 연간 성장 속도가 2년에 걸쳐 평균키의 2표준편차 이상, 즉 100명의 동급생 중 상위 두 번째 안에 드는 속도로 키가 자라 남자는 185센티미터, 여자는 175센티미터가 넘으면 거인증으로 본다. 키가 210센티미터가 넘는 사람은 거의 예외 없이 뇌하수체 종양이 있다는 연구 보고도 있다.

성장호르몬 분비 과잉이 사춘기에 일어나면 뼈도 계속 자라 거인증이 되는데, 뼈 성장이 멈추는 성인이 되고 나서 일어나면 몸 끝부분만 자라는 말단비대증으로 진행한다. 눈썹이나 턱이 튀어나오고 코가 커지고 혀가 두툼해지며 손발이 솥뚜껑처럼 거대해지는 증상이 나타나는 질병이다.

거인증을 가진 사람들 중에는 생김새가 비슷한 사람이 많아 외모로도 구분할 수 있을 정도다. 막시미누스 황제에게서도 거인증의 특징이 뚜렷이 나타나는데, 그의 얼굴을 새긴 동전으로도 특징을 확인할 수 있다. 여기에 더해 그가 황후의 팔찌를 반지처럼 꼈다는 일화로 미루어볼 때 손가락이 비정상적으로 굵어졌음을 알 수 있다. 즉, 황제는 소년기 성장호르몬 분비 과잉으로 거인증에 걸렸을 뿐 아니라 성인이 된 뒤에도 성장호르몬 분비 과잉이 멈추지 않는 말단비대증 환자였다고 볼 수 있다.

'피그미'로 알려진 음부티족에게 성장호르몬을 주사해도 키가 자라지 않는 까닭은?

거인증이 있다면 소인증도 있다. 뇌하수체에서 성장호르몬이 분비되지 않는 뇌하수체 소인증은 부족한 성장호르몬을 주사로 보충해 키를 키우는 방식으로 치료한다. 오늘날에는 합성한 호르몬 제제를 사용하는데, 예전에는 사망한 사람의 뇌하수체를 꺼내 정제한 성장호르몬을 사용했다. 그 과정에서 흔히 광우병이라 부르는 크로이츠펠트—야콥병이 알려지며 유명해졌다. 크로이츠펠트—야콥병 환자의 뇌하수체가 포함된 호르몬 제제를 사용해 프랑스와 미국 등지에서 소인증 치료를 받은 사람이 이 병에 걸렸다는 사례가 보고되었다.

아프리카에 일반적으로 우리가 '피그미'라고 알고 있는 '음부티족(Mbuti)'이라는 키 작은 부족이 산다. 이 사람들에게 성장호르몬을 주사하면 키가 커져 평균 키가 될 수 있을까? 안타깝게도 성장호르몬을 주사해도 이들은 키가 자라지 않는다. 뇌하수체에서 분비된 성장호르몬이 직접 뼈와 몸의 세포에 작용해 성장을 촉진하지 않기 때문이다.

먼저 간세포에 작용해 인슐린 유사 성장인자(Somatomedin C, IGF-1)라는 다른 호르몬을 만들고 그 호르몬을 간세포가 혈액 속으로 분비한다. 이 인슐린 유사 성장인자야말로 세포 분열을 촉진하고 뼈와 몸 세포 성장을 촉진하며 몸을 성장시키는 호르몬이다.

음부티족의 몸 세포에는 인슐린 유사 성장인자의 자극을 느끼는 수용체가 없다. 음부티족의 뇌하수체에서 성장호르몬이 충분히 분비되고 간에서 인슐린 유사 성장인자가 만들어져도 세포가 그에 반응하지 않는다. 키가 자라지 않는 것은 그런 연유에서다.

막시미누스 황제의 엄청난 괴력과 상상을 초월하는 식사량의 원인도 말단비대증이라고?

뇌하수체는 두개골 한가운데에 움푹 들어간 부분에 들어 있는데, 이 부분 바로 위에 안구에서 뇌로 향하는 좌우 시신경이 교차한다. 뇌하수체 종양이 커지면 움푹 들어간 곳에서 가운데 부분부터 시신경 교차부를 집중적으로 압박해 눈에서 시각 정보가 뇌로 전달되지 않게 된다.

전형적인 예는 양이측반맹(兩耳側半盲)이라는 증상으로 시야 바깥쪽이 보이지 않게 된다. 물론 그렇다고 해서 의학 교과서에 나오는 그림처럼 손상된 부분이 까맣게 모자이크 처리한 것처럼 보이지는 않는다. 그러나 정작 자신은 시야가 좁아졌다는 사실을 모르고 사는 경우가 많은 데다 기껏해야 옆쪽이 잘 보이지 않아 조금 답답하다는 정도의 자각 증상밖에 없다.

거인증이나 말단비대증에 걸리면 초기에는 근육량이 증가하고 힘도 넘쳐난다. 막시미누스 황제는 엄청난 괴력의 소유자였고 싸움도 잘했다. 몸집이 커지고 근육량이 증가할수록 먹는 양도 자연스럽게 늘어난다. 그가 하루에 먹어치웠다고 기록된 고기 양은 선뜻 믿기지 않을 정도로 엄청난 양이다. 그러나 이는 1950~1960년대에 대단한 인기를 얻었던 전설적인 로큰롤 가수 엘비스 프레슬리(Elvis Presley)의 경우만 보아도 과장은 아니라고 판단된다. 그 역시 만년에 비만으로 하루 10만 킬로칼로리, 즉 일반 성인이 한 달 이상 섭취하는 방대한 양의 열량을 섭취했다고 전해진다. 막시미누스 황제의 식사량도 사람들의 입에 오르내리며 살이 붙고 보태져 심하게 부풀려진 이야기가 아니라 실제로 무지막지한 양의 음식을 먹었을 수 있다.

거인증과 말단비대증은 당뇨병이 합병증으로 나타난다. 막시미누스 황제가 엄청난 양의 와인을 마셨던 것은 아마도 당뇨병 때문이었을 가능성이 크다. 당뇨병에 걸리면 소변으로 포도당이 빠져나가는데, 이때 수분이 함께 나가기에 소변량이 늘어난다. 이런 식으로 화장실을 자주 들락날락하게 되면 자연히 몸에 수분이 부족해져 심한 갈증에 시달리게 되고 막시미누스 황제처럼 와인을 말술로 들이켜게 될 수도 있다. 거인증을 제대로 치료하지 않으면 차츰 기력이 떨어지고 몸이 약해져서 겉은 멀쩡한데 도끼날만 살짝 스쳐도 풀썩 쓰러지는 고목 같은 사람이 되고 만다.

이런 맥락에서 볼 때 막시미누스 트락스 황제는 두통과 고혈압이 자주 나타나는 합병증으로 고통받은 데다 혼란기의 군인 황제라는 막중한 스트레스까지 더해지며 인격까지 변할 정도로 증세가 심각해지고 의심병에 시달리는 잔혹한 폭군이 되어간 게 아닌가 싶다.

3.

클레오파트라는 왜 '맹독성 코브라'를 자살 도구로 사용했을까

— 코브라 독 · 중증근무력증

고대 이집트 왕국 최후의 여왕

클레오파트라는 과연 절세 미녀였을까?

역사 속 수많은 흥망 과정에서 전쟁에 패배한 황제나 왕, 장군, 귀족 등이 굴욕을 씻기 위해 스스로 목숨을 끊는 경우가 있다. 칼로 자신의 목·배를 찌르거나 성 위에서 몸을 던지거나 독을 마시는 등 수단은 다양하다.

아름다운 외모를 무기로 치열하게 살며 끝까지 분투했던 여왕은 사후에도 자신의 아름다움을 지키고 싶었을 것이다. 고대 이집트의 마지막 여왕 클레오파트라는 스스로 죽음을 선택해야 하는 상황에 맞닥뜨렸을 때 고통의 흔적 없이 아름다운 얼굴로 죽음을 맞이하고 싶었다. 그는 어떤 비책을 써서 죽음에 이르렀을까? 그리고 그의 죽음은 당대 로마제국과 이집트, 그리고 주변 여러 나라를 둘러싼 정세 및 역학 관계에 어떤 영향을 미쳤을까?

고대 이집트 왕국은 기원전 3,000년경부터 나일강 주변에서 번성하기 시작했다. 그로부터 오랜 세월이 흐른 뒤 이집트 땅에 새로운 왕조가 세워졌다. 기원전 304년의 일로, 불세출의 영웅 알렉산드로스(Alexandros III, 336~323 BC) 대왕의 부하 중 한 명인 그리스계 마케도니아인 프톨레마이오스(Ptolemaîos Sōtēr)에 의해서였다. 그리고 그 프톨레마이오스 왕조를 300여 년의 찬란한 영광을 뒤로 한 채 영원히 역사 속으로 사라지게 한 인물이 바로 클레오파트라 7세(Cleopatra VII, 재위 51~30 BC)다. 클레오파트라는 그리스어로 '아버지의 영광'이라는 의미를 갖는데, 프톨레마이오스 왕조의 공주에게는 흔한 이름이었다. 그는 투탕카멘(Tutankhamen)과 네페르티티(Nefertiti), 람세스(Ramesses) 대왕의 피를 이어받은 이집트인이 아니라 그리스계 인물이었다.

클레오파트라는 그가 살았던 당시 만들어진 동전에 부조가 남아 있어 실제 외모를 대략 짐작할 수 있다. 한데 오늘날 잣대를 들이대자면 매부리코에 딱히 미인이라고 하기 어려워 보인다. 비록 프랑스 철학자 파스칼(Blaise Pascal)이 "클레오파트라의 코가 1센티미터만 낮았더라면 역사가 달라졌을 것이다"라고 말했지만 말이다. 그러나 어쨌든 영화에서는 젊은 시절 최고 미모를 자랑하던 비비언 리(Vivien Leigh)나 엘리자베스 테일러(Elizabeth Rosemond Taylor)가 클레오파트라를 연기하면서 비극의 주인공은 아름다움의 대명사로 받아들여졌다.

여기서 먼저 밝혀두고 싶은 것은, 나는 이 책에서 클레오파트라의 미모와 매력을 폄하할 생각이 전혀 없다는 점이다. 그도 그럴 것이 아름다움에 관한 판단과 평가는 시대마다 다를 수밖에 없기 때문이다. 그리고 어쨌든 그가 당대 최고 영웅 카이사르와 안토니우스(Marcus Antonius)를 매혹시킨 점으로 볼 때 단지 이목구비의 수려함을 뛰어넘는, 말로 표현하기 힘든 '독특한 매력'을 지니고 있었음을 짐작할 수 있기 때문이다.

선물용 카펫으로 자기 몸을 말아
카이사르의 거처에 잠입하는 클레오파트라

기원전 51년, 열일곱 살 클레오파트라는 왕조의 관습에 따라 당시 아홉 살이던 남동생 프톨레마이오스 13세와 결혼한다는 조건으로 공동 통치자인 여왕의 자리에 올랐다. 고대 이집트 왕가에서는 근친혼이 흔했다. 클레오파트라의 부모도 친오빠와 여동생 사이였다는 사실이 미라 DNA 연구를 통해 밝혀졌다. 그러나 클레오파트라 부부 사이는 냉랭했다. 엎친 데 덮친 격으로 다른 형제들까지 두 사람 사이에 끼어들면서 집안 문제로 번져 시끌시끌해졌다. 그 와중에 클레오파트라는 고립무원의 신세가 되었다.

그 무렵 로마에서 카이사르가 숙적 폼페이우스를 축출하고 이집트로 와서 수도 알렉산드리아의 왕궁을 거처로 정했다. 클레오파트라는 카이사르를 자기편으로 만들고자 애정 공세를 펼치며 승부수를 던졌다. 그는 이집트 왕인 남동생의 호위병에게 들키지 않도록 선물용 카펫으로 자기 몸을 둘둘 감아 카이사르의 거처에 몰래 잠입했다.

마치 영화의 한 장면처럼 드라마틱하게 등장하는, 독특한 매력을 지닌 미녀 클레오파트라에게 카이사르는 푹 빠졌고 왕권을 둘러싼 부부 싸움에 개입하여 군사적·정치적으로 힘을 실어주었다. 이후 클레오파트라와 카이사르는 달콤한 동거 생활을 시작했고 두 사람 사이에 아들 카이사리온(Caesarion)이 태어났다.

그로부터 얼마 후 카이사르가 원로원에서 공화파인 브루투스 일당이 휘두른 칼에 찔려 암살당하는 놀라운 일이 일어났다. 금의환향한 카이사르가 클레오파트라와 함께 로마에 머물던 기원전 44년의 일이다. 이후 클레오파트라는 황망히 이집트로 돌아와야 했다.

우여곡절 끝에 암살자들을 처리하고 패권을 잡은 마르쿠스 안토니우스가 이집트에 입성했다. 야심가였던 클레오파트라는 새로운 로마 총사령관을 이집트 왕국의 공동 통치자로 만들어 다시 달콤한 밀월 생활을 시작했고 세 아이를 얻었다. 두 사람은 마약을 마신 듯 쾌락에 빠진 생활을 즐기는 한편 로마와 거리를 두고 독립을 꿈꾸기 시작했다. 위기감을 느낀 로마는 카이사르의 의붓

고대 이집트의 마지막 여왕 클레오파트라는
스스로 죽음을 선택해야 하는 상황에 맞닥뜨렸을 때
고통의 흔적 없이 아름다운 얼굴로 죽음을 맞이하고 싶었다.
그는 어떤 비책을 써서 죽음에 이르렀을까?

클레오파트라의 모습이 새겨진 동전

아들인 옥타비아누스를 사령관으로 삼아 토벌군을 파견했다.

카이사르와 안토니우스처럼 옥타비아누스마저
클레오파트라의 유혹에 넘어갔다면
세계사의 물줄기는 어떻게 달라졌을까?

그리스의 악티움 연안에서 벌어진 해전에서 안토니우스와 클레오파트라의 함대는 옥타비아누스의 로마 해군에 대패하고 이집트로 돌아왔다. 기원전 31년 9월의 일이다. 최후의 결전에서 패배한 안토니우스는 단검으로 자살을 시도했고 사랑하는 클레오파트라의 품에서 숨을 거두었다. 이듬해인 기원전 30년 8월의 일이다. 한때 불세출의 영웅 카이사르와 안토니우스를 매료시켜 사랑의 포로로 만들었던 관능적 미모를 상실한 클레오파트라는 로마 장군 옥타비아누스와 평화 교섭을 시도했으나 실패로 돌아갔다.

역사에 가정은 없다지만 이 결정적 장면에 '만약'를 대입해보자. '만약 클레오파트라가 옥타비아누스의 마음마저 사로잡았다면 이후 역사의 물줄기는 어떻게 흘러갔을까?' 당대 최고 영웅 율리우스 카이사르를 매혹시켰을 뿐 아니라 그의 총애하는 부하이자 새로운 시대의 권력자 안토니우스를 자신이 원하는 대로 조종했듯 말이다. 만일 그랬다면 이후 로마사와 이집트사, 아니 한발 더 나아가 세계사는 전혀 다른 방향으로 전개되었을 가능성이 크다. 그러나 클레오파트라의 미모와 매력이 빛을 잃은 탓인지, 아니면 옥타비아누스의 마음이 어떤 유혹에도 흔들리지 않을 만큼 굳건했던 까닭인지 그런 일은 일어나지 않았다.

아무튼 죽음을 각오한 클레오파트라는 다양한 독약의 효능을 시험하기 시작했다. 물론 자기 몸은 소중했기에 사형수나 노예를 시험 대상으로 삼아 그는 과연 어떤 독이 고통 없이 아름다운 얼굴을 유지한 채 생을 마감하게 해줄 수 있을지 인체 실험을 거듭했다.

클레오파트라는 자신이 세운 영묘 안에 틀어박혔고 그 주위로 로마군이 물 샐 틈 없이 철통같은 감시망을 펼쳤다. 어느 날 탐스러운 무화과를 가득 담은 광주리가 밖에서 들어왔다. 광주리를 받아든 클레오파트라는 안에서 독사를 꺼내 자기 가슴을 물게 했다. 그 순간 그는 틀림없이 엄청난 고통을 느꼈을 것이다. 그러나 셰익스피어의 희곡 『안토니우스와 클레오파트라(Antony And Cleopatra)』에서는 "뱀에 물려도 고통을 느끼지 않는다"라는 구절이 있다. 아마도 셰익스피어는 독사에 물린 사람이 고통 없이 죽는다고 믿었던 모양이다.

예기치 않은 급변 사태가 일어났음을 눈치 챈 로마군이 부랴부랴 영묘에 들어왔을 때 클레오파트라는 마치 잠든 듯한 표정으로 황금 침대 위에 누워 있었다. 셰익스피어의 희곡에서는 자신이 모시던 여주인의 저승길 동무로 따라나선 시녀가 '왕가의 자손답게 고결한 최후를 맞이한' 그의 죽음을 로마군에게 마지막 숨을 몰아쉬며 전했다고 한다. 클레오파트라는 그렇게 파란만장한 서른아홉 해를 살다가 갔다.

클레오파트라가 자살 도구로 '맹독성 코브라'를 선택한 이유

뱀독은 뱀에 물린 동물의 출혈이 멈추지 않게 되는 '출혈독'과 신경이 내린 지령이 근육에 전달되지 않게 하는 '신경독'으로 크게 나눌 수 있다. 살모사와 반시뱀, 방울뱀과 같은 맹독성 뱀이 지닌 독은 출혈독이다. 아름다운 얼굴로 얼핏 보면 잠자는 듯 편안한 죽음을 맞이하게 해주는 것처럼 보이는 독은 신경독으로, 코브라와 바다뱀의 독이다. 훗날 클레오파트라의 최후 장면을 묘사한 그림에는 코브라나 코브라의 친척이 자주 등장한다.

뇌와 척수에서 나온 신경은 근육과 만나는 곳에서 아세틸콜린(Acetylcholine)이라는 물질을 분비하여 근육에 지령을 전달한다. 신경종말에서 나온 아세틸콜린이 근육 표면에 있는 수용체, 즉 전기 코드에 비유하자면 플러그의 소켓에 해당하는 콘센트 부분에 연결되면 근육이 반응해 수축한다. 이 소켓을 신경접합부라고 부르는데, 코브라와 같은 신경독은 콘센트 부분을 차단하여 아세틸콜린이 올바른 지령을 전달하지 못하게 한다.

코브라에 물린 사람이 마치 꿈꾸는 듯 몽롱한 표정을 짓다가 마침내 손발이 마비되고 호흡에 관여하는 근육이 기능하지 않아 사망에 이르게 되는 것은 그런 연유에서다. 실제로 코브라에 물렸다가 가까스로 살아난 사람들은 속이 울렁거리고 극심한 통증과 호흡 곤란으로 고통스러운데, 근육이 마비되어 어떤 표정도 지을 수 없고 말도 할 수 없고 고통으로 몸부림칠 수도 없어 죽을 만큼 괴롭고 답답했다고 증언한 바 있다.

사람이 코브라에 물리면 즉시 눈꺼풀 등의 얼굴 근육에 이상이 생겨 몽롱하게 졸린 듯한 표정을 짓게 된다. 클레오파트라의 시신을 본 사람들이 그가 편안하게 잠자듯 저세상으로 갔다고 생각하는 것은 그런 이유에서다. 그러나 실제로는 그와 반대로 공기를 들이마시지 못해 가슴을 쥐어뜯고 싶을 정도로 괴로운데, 아무리 손을 허우적대려 애써보아도 손끝 하나 움직일 수 없고 숨이 끊어지듯 극심한 통증을 느끼면서도 고통스러움을 나타내는 표정조차 지을 수 없다고 한다. 그러나 최근 연구에 따르면 방울뱀 등의 독에는 마약과 같은 작용을 하는 오피오이드 펩타이드(Opioid peptide) 성분이 들어 있다고 하니 어쩌면 클레오파트라의 몸속으로 코브라의 독이 들어갈 때 고통을 덜 느끼게 해주는 물질이 함께 흘러들어갔을 수도 있다.

후안 루나가 그린 클레오파트라의 죽음. 1881년작.

오늘날 사람이 독사에 물리면 의사들은 어떻게 응급 처치할까? 그 뱀독에 특이한 반응을 보이는 항체가 포함된 항독소 혈청을 주사한다. 신경독일 경우 호흡용 튜브를 목을 통해 기관으로 삽입하거나 기관 절개 시술로 인공호흡기를 달고 생명을 연장하면서 추후 나타날 수 있는 다른 증상에 대처하며 해독되기를 기다리는 수밖에 없다.

그 밖에 뱀의 신경독에서 알파—분가로톡신(Alpha-Bungarotoxin)이라는 물질을 추출한 다음 이 물질을 활용해 신경근 접합부의 다양한 메커니즘을 규명하며 명확한 질병 해명을 하기도 한다. 누구나 꺼림칙하게 여기고 두려워하는 독사도 나름대로 제 몫을 하며 인류에게 보탬이 되는 셈이다. 참고로, 뱀독이 아니라 질병으로 신경근 접합부, 즉 콘센트 부분인 아세틸콜린 수용체가 망가지는 질환이 있는데, 바로 중증근무력증이다.

우리 몸의 모든 움직임을 먹잇감으로 삼는 중증근무력증

중증근무력증이라는 질병은 신경근 접합부의 근육에 있는 아세틸콜린 수용체, 즉 콘센트 부분이 고장 나서 생기는 병이다. '자, 몸을 움직이자', '근육을 움직여'라고 아무리 열심히 머리로 생각하고 뇌에서 지령을 내려도 그 명령이 근육에 전달되지 않아 몸에 힘이 들어가지 않고 마비 증상이 나타난다. 코브라 독에 물린 클레오파트라의 상태가 이러했으리라 추정된다. 독이 몸속으로 서서히 퍼져나가는 동안 그의 의식은 비교적 또렷했을 테고, 어쩌면 입을 움직여 시녀에게 명령을 내리거나 몸을 움직여 뭔가를 하고 싶었을지 모른다. 그러나 맹독성 뱀독으로 인한 중근육마비로 그는 손가락도 까딱할 수 없는 상태에 한동안 놓여 있었을 게 분명하다.

우리 몸의 모든 움직임은 중증근무력증의 먹잇감이 된다. 우리가 걷거나 손발을 움직이는 기본적인 동작뿐 아니라 눈동자를 움직이거나 눈꺼풀을 깜빡이거나 말하거나 호흡하는 움직임도 모두 근육을 움직여야 가능하기 때문이다. 대응이 늦어지면 자칫 목숨을 잃을 수도 있다.

고전적인 치료법은 신경 말단에서 방출되는 아세틸콜린이 분해되지 않도록 항콜린에스테라제(Cholinesterase Inhibitor)라는 어려운 이름의 약물을 투여해 아세틸콜린 작용을 강화한다.

이 병은 자가면역 질환이다. 길랭–바레 증후군(Guilliain-Barre Syndrome)이 말초신경을 외부에서 들어온 이물질로 인식해 반응하듯 중증근무력증은 자신의 아세틸콜린 수용체를 공격해 파괴한다. 그러므로 스테로이드 약물 등으로 면역 기능을 억제하거나 혈장 교환 시술로 혈중 이상 항체를 제거하거나 흉선을 외과적으로 제거하는 수술로 증상에 대처한다. 흉선은 가슴 내부에 있는 면역조직으로 자가면역 질환과 연관이 깊어 중증근무력증에 걸리면 종종 비대해지기도 한다.

옴진리교의 사린가스와
김정은이 이복형 김정남을 암살할 때
사용한 독가스가 같은 종류라고?

신경근 접합부에 작용하는 화학물질은 약이 될 수도 있고 독이 될 수도 있다. 약으로는 수술 등 각종 시술을 받을 때 사용하는 근이완제가 있다. 근이완제 성분의 약물은 전신 마취할 때 근육을 마비시키는 역할을 한다. 목으로 기관 삽입 처치를 하거나 수술 중 메스 등의 자극으로 근육이 불필요하게 수축하지 않도록 근이완제를 처방한다.

살충제는 아세틸콜린 수용체와 결합해 떨어지지 않고 근육을 수축시킨 상태를 유지하여 벌레를 죽인다. 이 효과를 극대화한 약물이 옴진리교가 사용한 사린과 북한의 지도자 김정은이 이복형 김정남을 말레이시아 쿠알라룸푸르 공항에서 암살할 때 사용한 'VX 가스'다. 옴진리교가 사용하려 했던 보툴리눔(Botulinum) 독소는 신경 말단부터 아세틸콜린이 나오지 않게 하는 물질이다.

그 밖에 독가스와 독버섯 등의 독소에도 신경근 접합부에서 아세틸콜린 작용을 방해하는 종류가 많다. 참고로, 코브라의 천적 몽구스의 몸에는 아세틸콜린 수용체 속 결합 부위의 수가 많아 코브라 독에 내성이 강하다.

청산가리보다 1,000배 강한 복어 독에 중독되어 죽을 뻔했다가 살아난 어부 이야기

"복어 한 마리에 물 세 말"이라는 속담이 있다. 복어의 독성이 워낙 강해 이 맹독을 없애기 위해 복어를 다듬을 때 충분히 많은 물을 사용해서 깨끗이 씻어내라는 옛사람들의 지혜다. 목숨을 걸고라도 먹고 싶을 만큼 진미 중 진미라는 복어. 이 복어의 맹독은 테트로도톡신(Tetrodotoxin)이라는 물질에 의해 위력을 발휘한다. 복어 맑은 탕을 먹다가 알지 못하는 사이에 독을 섭취하게 되면 총알에 맞는 것과 다름없다고 해서 '총알탕'이라고 부르기도 한다. 복어에 관한 속담도 다양한데, "복어 알 먹고 놀라더니 청어 알도 마다한다"라는 속담이 대표적이다. 이렇듯 복어 독은 예로부터 우리 인간에게 친숙한 독이다. 그러나 테트로도톡신은 청산가리보다 1,000배 정도 더 강한 맹독성을 자랑하는 물질이라 실제로 복어 독에 중독되었다가 살아 돌아온 사람은 많지 않다.

복어의 독성 물질은 사린이나 보툴리눔 독소처럼 신경근 접합부가 제 기능을 하지 못하도록 방해하지 않는다. 복어의 독 성분은 오히려 말초신경을 노린다. 즉, 말초신경에 신호가 흐를 때 전기 현상이 일어나지 못하도록 지령과 정보 전달을 차단하여 몸을 마비시킨다.

마비는 호흡 중추와 호흡근에도 영향을 미친다. 언젠가 의사인 지인에게 들은 얘기가 있다. 그에 따르면, 낚시로 잡은 복어를 요리해서 먹고 중독된 어부가 구급차에 실려 병원으로 이송되었다고 한다. 그의 손발은 완전히 마비되고, 동공 반사 작용이 없고, 간신히 심장만 뛰는 상태였는데 인공호흡기를 달아 며칠 만에 저승 문턱에서 간신히 살아 돌아왔단다. 환자가 이대로 의식을 되찾지 못하면 식물인간이 될 수도 있다며 며칠 기다려 보고 차도가 없으면 구체적인 장례 준비 절차를 밟으라고 의사가 조언한 지 얼마 후의 일이었다.

공포영화에나 나올 것 같은 섬뜩한 에피소드다. 복어 독은 그만큼 무시무시하다.

복어는 스스로 독을 만들지 않고 바다 속 다른 생물에 들어 있는 테트로도톡신을 섭취해 자기 몸 안에 저장한다. 최근 문제가 된 '유혈목'이라는 이름의 뱀독도 뱀이 잡아먹은 두꺼비의 독이다. 이런 방식으로 몸에 독을 지니게 된 동물이 의외로 많다. 이

녀석들은 무기를 만들어보지도 않은 주제에 걸핏하면 테러를 일으키는 무장조직처럼 두렵고 성가신 존재다.

02

BRAIN

강대국 리더들이 결정적 오판으로 역사의 물줄기를 돌려놓게 한 치명적 뇌질환

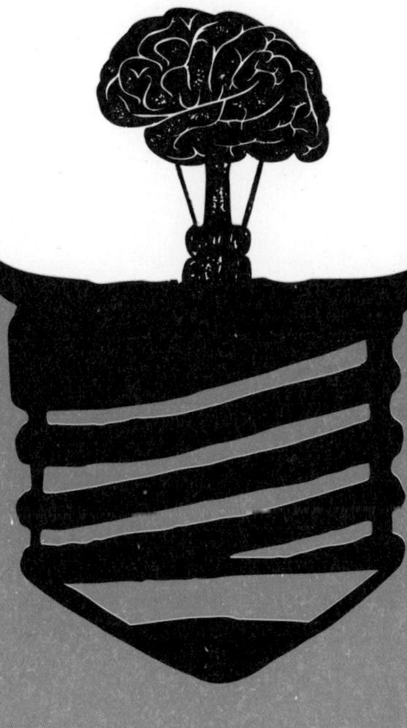

4.

그랜트 장군의 뇌에 침투하여 남북전쟁의 흐름을 바꾸고 미국사와 세계사의 판도를 바꾼 질병

— 편두통

'두통'이 세계사를 바꿨다고?

'자유'와 '민주주의'는 미국이라는 나라가 자랑스럽게 내세우는 국가 이념이다. 미국인들은 오랫동안 자신의 조국이 나아가야 할 길을 놓고 서로 격렬한 논쟁을 벌였으며 국론 분열과 이념 분쟁이 심각한 문제가 될 정도로 첨예해졌다. 특히 베트남전쟁과 이라크, 아프가니스탄 등의 문제로 미국인들 간 갈등과 대립이 한층 격해졌고 내부적으로 참정권 문제와 이민 문제 등을 놓고 팽팽한 찬반 여론이 맞섰다.

그뿐만이 아니다. 시간을 한참 거슬러 올라가면 국론이 분열되고 내부 갈등이 심화하여 급기야 내전으로 발전한 비극적 역사의 장면도 있다. 1861년에 시작되어 4년 동안 이어진 '남북전쟁'이 대표적이다. 남북전쟁은 노예 문제와 경제 및 외교 문제에 관한 대립으로 60만여 명의 사망자를 낸 끔찍한 사건이자 깊은 상처를 남긴 역사의 현장이다.

남북전쟁 개전을 둘러싸고 불거진 온갖 복잡한 갈등과 잡음은 링컨 대통령에게 심각한 스트레스와 두통을 안겨주었다. 또 종전 시점에 북군 총사령관(훗날 대통령으로 취임)이던 율리시스 심프슨 그랜트 장군은 항복한 남군 장병들에게 매우 관대한 처분을 내려 미국 사회에 여러 의미에서 '충격'을 던졌을 뿐 아니라 이후 미국사와 나아가 세계사의 거대한 흐름을 만드는 데에도 적잖이 영향을 미쳤다. 그런데 그랜트의 판단의 이면에도 '두통'이 자리하고 있었다.

미국사와 세계사를 뒤흔든 결정적 장면의 숨은 배후가 누군가의 '두통'이라고 하면 믿어지나? 언뜻 무슨 말인지 이해되지 않을 수도 있다. 독자 여러분의 고개가 끄덕여질 만한 일이었는지 함께 살펴보자.

링컨을 쓰나미처럼 덮친 무시무시한 편두통

에이브러햄 링컨은 제16대 미합중국 대통령에 당선되었다. 쉰한 살이던 1860년 11월 6일의 일이다. 한데 노예제도 폐지론자인 링컨에게 남부 주들이 거세게 반발하며 반기를 들었고, 급기야 수도 워싱턴에서는 암살 계획 소문까지 공공연히 퍼지며 경계 태세가 강화되었다.

노예해방에 정면으로 반대한 사우스캐롤라이나주가 가장 먼저 미합중국 탈퇴를 선언했다. 뒤이어 줄줄이 탈퇴를 선언한 주들이 아메리카 연합국(Confederate States of America)을 결성했다. 1860년 12월 무렵의 일이다. 아메리카 연합국에는 주로 남부 주들이 가담한 터라 '남부 연맹(Southern Confederacy)'이라는 이름으로 부르기도 한다.

최종적으로 아메리카 연합국에 가담한 주는 11개였다. 새롭게 대통령에 당선된 링컨으로서는 말 그대로 골치가 아픈 상황이었다. 그가 취임 연설에서 남부 주들을 향해 "노예 제도를 완전히 폐지한다는 게 아닙니다. 우리는 적이 아니라 동지입니다"라고 목소리 높여 호소한 것은 바로 이런 맥락에서다.

사우스캐롤라이나주 찰스턴항에서 뱃길로 30분 남짓 떨어져 있는 섬의 포트섬터(Fort Sumter)를 수비하던 사령관에게서 다급한 전갈이 왔다. 1861년 3월 5일의 일이다. 요새에서 농성 중이던 미합중국군을 위한 물자 보급이 끊겼다는 소식이었다. 남군의 군함이 보급로를 차단해 물자 보급이 중단된 것이었다. 대통령으로 취임한 바로 다음 날 링컨은 지도자로서 능력을 검증받아야 하는 중요한 시험대에 오른 셈이었다.

여기서 한발 물러나는 순간 링컨은 '비겁한 대통령'이 된다. 그렇다고 초강수를 두기도 어렵다. 북부와 남부 주들 사이에 전면전으로 비화될 가능성이 컸기 때문이다. 각료 일곱 명 중 다섯 명이 구조 병력 파견에 반대했다. 포트섬터 사건 이후 미국 각지에서 남군 측의 압박과 봉쇄가 도미노처럼 이어지고 있다는 보고가 올라왔다. 머리가 지끈거리고 해결 방법을 찾기 어려운 상황이었으나 이 시점에 링컨이 실제로 두통에 시달렸다는 기록은 없다.

"식량이 바닥을 드러내기 직전이다. 이제 우리에게는 4월 15일까지 버틸 식량밖에 없다."

4월 4일, 포트섬터에서 다급한 연락이 왔다. 사우스캐롤라이나주에서는 강경론자들이 득세했다. 그런 분위기와 기세를 몰아 분리 독립으로 총공세에 나서서 승기를 잡아야 한다는 목소리가 높아졌다. 백악관에서 열린 각료 회의에서 열띤 공방이 오갔다. 링컨 대통령은 오랜 고민 끝에 포트섬터에 부대를 파견하기로 결단했다.

포트섬터는 남부 주들의 한복판에 자리하고 있으며 지원 부대는 이 섬에 배를 타고 가야 했는데, 글자 그대로 '제 발로 호랑이굴에 들어가는 격'이었다. 무력 충돌이 불가피한 상황이었고 자칫하면 내전으로 번질 위험을 감수해야 했다. 당시 최종 결정을 내려야 했던 링컨으로서는 상상을 초월하는 엄청난 중압감에 몸과 마음이 짓눌리지 않았을까.

오랜 고민과 논의, 그리고 또다시 치열한 고민의 시간을 거친 끝에 어려운 결단을 내린 링컨 대통령은 집무실을 나와 개인 공간으로 이동하여 그곳에서 얼마간 휴식을 취할 생각이었다. 결과야 어찌 됐든 그는 중요한 일을 결정했다는 해방감에 잠시나마 마음의 짐을 내려놓고 쉴 참이었다.

머리가 쪼개지는 듯한 극심한 통증이 링컨에게 찾아온 것은 바로 그 순간이었다. 그는 태어나서 처음 겪는 격렬한 편두통 발작에 이틀 동안 온종일 침대를 벗어나지 못한 채 몸져누워 끙끙 앓았다. 이는 링컨 대통령 영부인이 회고록에 쓴 내용이다. 영부인은 자신이 편두통으로 오랫동안 고생한 경험이 있기에 남편의 괴로움을 충분히 이해하고 있었다.

4월 12일, 링컨 대통령의 명령을 받은 북군 함대가 포트섬터 가까이 다가갔다. 남군 함대가 접안을 방해하며 요새를 공격하기 시작했다. 두통에서 가까스로 회복해 몸을 추스른 링컨은 전투 보고를 받고 군사 동원령을 내렸다. 4월 15일의 일이다. 이렇게 바야흐로 남북전쟁의 막이 올랐다.

링컨 대통령이 '무자비한 학살자' 그랜트 장군을 총사령관에 발탁한 까닭

남북 양군은 피비린내 나는 전투를 지루하게 반복하고 있었다. 남북전쟁이 발발한 지 4년이 지난 1865년 봄 무렵의 일이다. 전쟁 초반 남군은 로버트 리 사령관의 탁월한 지휘로 몇 번의 승리를 거뒀으나 북군의 엄청난 물량 공세와 압도적인 화력에 밀려 끝내 굴복할 수밖에 없었다.

1863년 7월, 펜실베이니아주에서 일어난 게티즈버그 전투(Battle of Gettysburg)는 남북전쟁사에 뚜렷이 남을 중요한 사건이자 엄청난 격전이었다. 이 전투에서 양측에 많은 사상자가 나왔으나 결국 북군이 승기를 잡았고 남군은 패색이 짙어만 갔다. 링컨 대통령이 그 유명한 "국민의, 국민에 의한, 국민을 위한 정부(Government of the people, by the people, for the people, shall not perish from the earth)"라는 명문이 담긴 연설을 한 것도 바로 이 전투를 기념하는 위령제에서였다. 이날 연설을 마치고 백악관이 있는 워싱턴으로 돌아오는 길에 링컨에게 다시 편두통 발작이 나타났다.

1864년에는 조지아주의 주요 도시 애틀랜타에서 격전이 벌어졌다. 남군 측의 초토화 작전과 북군의 철저한 공격으로 도시는 쑥대밭이 되었고 주춧돌만 남고 모든 것이 사라졌다.

애틀랜타는 마거릿 미첼(Margaret Mitchell)의 장편소설 『바람과 함께 사라지다(Gone with the Wind)』(1936)의 무대가 된 도시다. 비비언 리(Viven Leigh)와 클라크 게이블(William Clark Gable)이 출연한 영화에서는 애틀랜타가 화염에 휩싸여 불타는 장면이 연출되기도 했다. 여주인공 스칼렛 오하라(Katie Scarlett O'Hara)는 남부 대농장주의 딸로, 그의 생가인 타라(Tara) 저택이 전쟁 전의 웅장하고 화려한 자태를 잃어버리고 을씨년스럽고 황폐해진 모습도 영화에서 생생

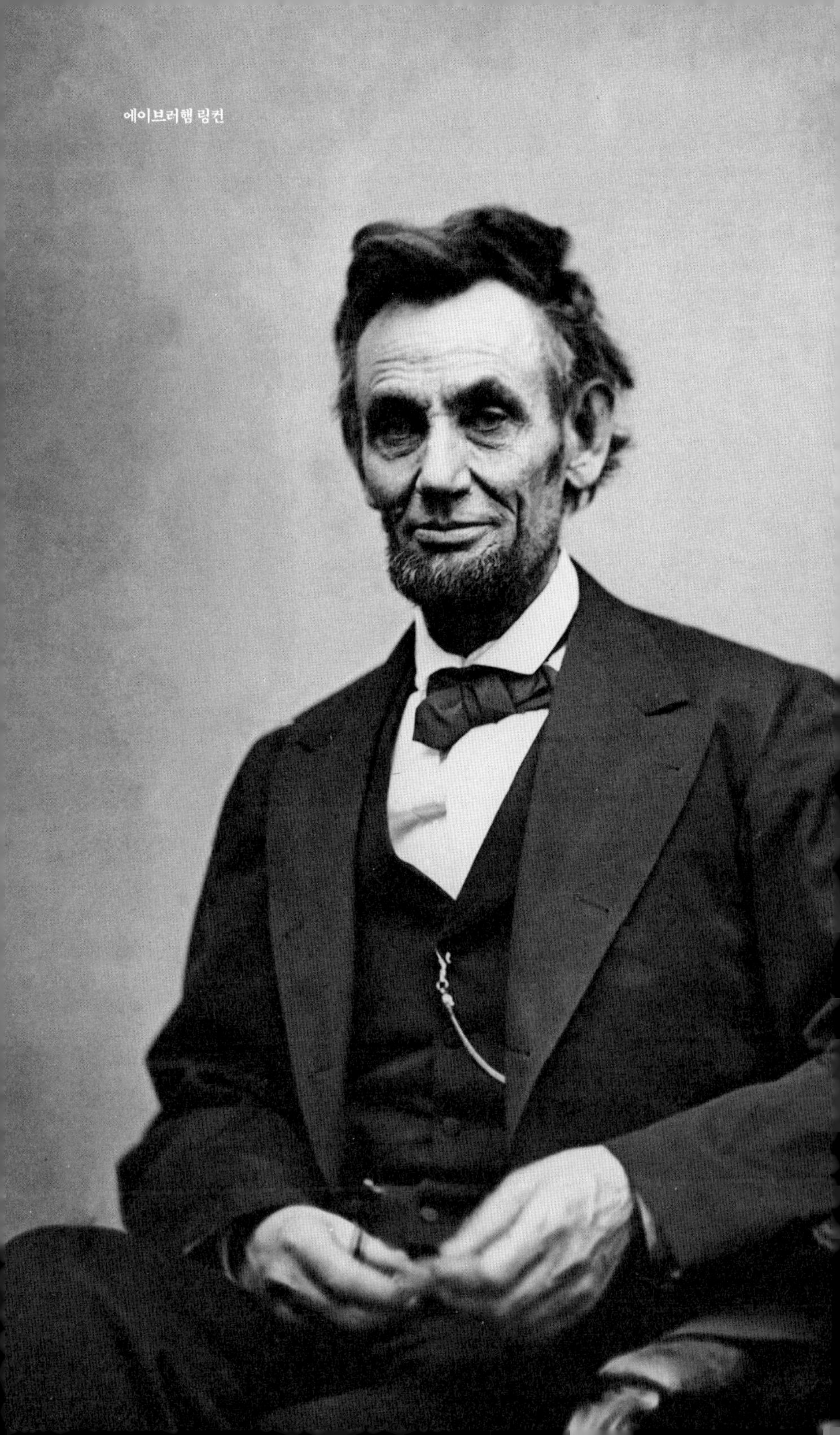
에이브러햄 링컨

히 묘사되었다. 오늘날 애틀랜타는 국제선과 국내선 항공이 집중되는 국제공항을 가지고 있고 세계 각국의 자동차 회사가 진출해 있는 남부의 주요 도시다.

워싱턴에서 그리 멀지 않은 버지니아 전선의 북군 사령관은 마흔두 살의 젊은 군인 율리시스 심프슨 그랜트였다. 링컨 대통령은 그의 군사적·전략적 능력을 높이 평가해 북군 총사령관으로 발탁했다. 그랜트 장군은 '무자비한 학살자(Butcher)'라는 별명도 개의치 않는 대범한 인물이었다. 또 그는 적군의 피해 규모를 넘어서는 막대한 손실이 아군에 생겨도 눈 하나 깜짝하지 않고 작전을 뚝심 있게 밀어붙이는 강심장의 소유자이기도 했다. 그는 지축을 울리며 무자비하게 돌진하는 들소 떼처럼 남군을 막다른 길로 몰아붙이고 철저히 응징했다.

미국사와 세계사의 물줄기를 바꾼 그랜트 장군의 뜻밖의 관용이 '편두통' 때문이었다고?

북군은 남부 주들로 이루어진 아메리카 연합국의 수도 리치먼드를 함락시키며 남북전쟁의 최종 국면에 들어섰다. 1865년 4월 2일의 일이다.

4월 8일, 그랜트 장군은 워싱턴 서남방으로 250킬로미터 남짓

거리의 버지니아주 애퍼매턱스에 사령부를 설치했다. 그런 다음 그는 남군 사령관인 리 장군에게 항복 조건을 제시하고 답을 기다렸다. 그날 그랜트 장군은 개인적으로 짤막한 기록을 남겼다.

> 나는 심각한 두통에 시달렸다. …… 밤새도록 겨자를 푼 더운물에 족욕을 하고 팔다리와 목 뒤를 겨자로 찜질했다.

그러나 별다른 효과를 보지 못한 채 거의 뜬눈으로 밤을 지새우다시피 했다. 두통으로 잠 한숨 자지 못해 초췌해진 그랜트 장군 앞으로 리 장군의 사자가 찾아왔다.

"그랜트 장군이 제시한 조건에 관해 회담하고 싶소."

그야말로 항복 가능성을 내비치는 편지였다. 그랜트 장군의 짧은 일기에는 이에 관한 내용도 남아 있다.

> 편지를 든 남군 장교가 왔을 때 나는 여전히 극심한 두통에 시달리고 있었다. 그러나 편지를 읽는 순간 두통이 거짓말처럼 씻은 듯 사라졌다.

다음 날인 9일, 양측 장군은 회담을 약속했다.

> 리 장군의 감정을 전혀 읽을 수 없었다. 나는 어제 편지를 받았을 때

뛸 듯이 기뻤으나 오늘 회담에서는 슬프고 우울했다. 오랫동안 용감하게 싸웠고 수많은 사람의 삶을 불행하게 했던 적을 굴복시켰으니 덩실덩실 춤이라도 추어야 마땅했지만 내 마음은 그렇지 못했다.

북군 사령관 그랜트 장군은 '무자비한 학살자'로서 언제나 무조건 항복을 요구했기에 패전 사령관 리 장군은 상당한 대가를 치를 것을 각오했다. 그런데 그랜트 장군은 "전쟁은 끝났소. 반란군이 다시 우리 국민으로 돌아왔소"라고 담담하게 말하며 남군 장병의 신병을 구속하거나 포로로 삼지 않고 고향으로 돌아가기까지 안전을 보장해주었을 뿐 아니라 식량을 제공하는 등 관대한 처분을 약속했다. 당시에는 누구도 그런 생각을 못했겠지만, 이때가 바로 미국사와 세계사의 물줄기가 확연히 달라지는 순간이었다. 왜냐하면 만일 그때 그랜트 장군이 '학살자'라는 별명답게 항복한 남군 장졸을 혹독하게 다루고 처벌했다면 남부와 북부의 오랜 갈등과 반목 상황이 치유되고 봉합되기는커녕 점점 더 골이 깊어져 미합중국이 두 개의 나라로 쪼개졌을 위험성이 컸기 때문이다.

그랜트 장군의 관용은 증오와 복수심을 훌륭하게 극복한 하나의 미담 사례로 미국 역사에 남았다. 그런데 그랜트 장군의 결단 이면에 두통 직후의 '정신적 변화'가 있었다는 사실을 아는 이는 의외로 많지 않다.

그랜트 장군의 관용은 증오와 복수심을 훌륭하게 극복한
하나의 미담 사례로 미국 역사에 남았다.
그런데 그랜트 장군의 결단 이면에 두통 직후의
'정신적 변화'가 있었다는 사실을 아는 이는 의외로 많지 않다.

율리시스 심프슨 그랜트

대문호 아쿠타가와 류노스케를
'톱니바퀴'처럼 괴롭힌 질병, 편두통

남북전쟁을 이끈 두 명의 주역이 앓았던 두통은 '편두통'으로 추정된다. 편두통은 맥박이 뛸 때처럼 지끈지끈 쑤시는 통증이 글자 그대로 머리 한쪽에 생기는 두통인데, 양쪽 머리가 모두 아플 때도 더러 있다. 편두통은 혈관과 관계된 두통이라 맥박이 뛸 때처럼 일정한 리듬으로 격렬한 통증이 반복되는 경향이 있다.

편두통의 전조로 나타나는 전형적인 증상이 있다. 어떤 증상일까? 번쩍이는 빛으로 둘러싸인 지그재그 무늬가 보이거나 눈이 침침해지며 이상한 냄새가 느껴지는 증상이 대표적이다. 드물게 두통이 온 쪽과 반대쪽 팔다리가 일시적으로 마비되는 경우도 있다. 이어서 지끈거리는 박동성 통증이 한쪽 머리에 나타나고 지속성 통증이 쓰나미처럼 덮친다. 일본의 대문호 아쿠타가와 류노스케(芥川龍之介, 1892~1927)는 자신이 집필한 단편소설 『톱니바퀴(歯車)』(1927)에서 편두통 발작의 전조를 번쩍번쩍 빛을 내며 돌아가는 '톱니바퀴'에 비유하기도 했다.

톱니바퀴처럼 날카로운 통증은 어떻게 생겨날까? 뇌의 신경세포가 비정상적으로 흥분해 세로토닌이라는 신경 전달 물질이 혈관을 수축시켰다가 팽창시키는 과정에서 나타난다. 주요 원인은 '스트레스'인데, 여성의 경우 생리 등의 신체적 요인으로 편두통이 악화될 수 있다. 또 드물게는 스트레스가 사라졌을 때 편두통이 나타나기도 한다. 링컨은 뭔가 중요한 결단을 내리고 극한의 심리적 중압감에서 해방된 직후 심한 편두통 발작을 일으켰으며, 격전 후인 게티즈버그에서의 충돌 이후 편두통 발작이 재발했다고 한다.

그다지 심각하지는 않았으나 나도 편두통을 경험한 적이 있다. 의학부 졸업 후 첫 학회 보고를 마치고 내 자리로 돌아온 순간에 일어난 일이었다. 그때 시야 왼쪽에 불꽃이 팍 하고 일더니 한밤중에 불을 끈 방처럼 앞이 깜깜해지며 머리가 쪼개지는 듯 극심한 두통이 찾아왔다. 다행스럽게도 이후 만성 편두통으로 발전하지는 않았으나 당시 겪은 충격과 공포는 너무도 크고 강렬해서 지금 생각해도 아찔할 정도다.

스트레스나 생리 이외에도 초콜릿과 적포도주, 치즈 등 편두통 발작을 유발하는 음식이 있다. 링컨 대통령과 그랜트 장군이 평소 어떤 음식을 즐겼는지까지는 알 수 없으나 편두통을 앓는 지인이 좋아하는 음식을 먹을 수 없어 인생의 즐거움이 사라졌다며 한탄한 것으로 보아 편두통을 유발하는 음식이 의외로 적지 않은 것으로 짐작된다.

그랜트 장군은 겨자로 찜질하거나 따뜻한 물에 발을 담그고 족욕을 하며 두통을 달래려 애썼던 모양이다. 서양에서는 옛날부터 맥각(麦角)이라는 생약을 사용했다. 맥각은 한방에서도 효과가 입증되어 지혈과 부인병에 처방하는데 약효보다는 독성이 강하고 부작용도 많다. 과다 복용할 경우 손발 끝이 불타는 듯한 통증에 시달린다. 요즘은 편두통 환자에게 신경의 흥분을 가라앉혀 두통을 억제하거나 혈관이 팽창하지 않도록 조절하는 약물을 처방해 충분한 치료 효과를 얻고 있다.

편두통 환자는 끔찍한 통증이 사라지고 나서도 후유증에 시달릴 수 있다. 편두통 발작 직후에는 기분이 널뛰듯 오르내리는 기분 변화 증상이 나타난다. 하늘을 나는 듯 들뜨기도 하고 숙취에 시달릴 때처럼 비몽사몽 혼미한 상태가 한동안 이어지기도 하고 손가락 하나 까딱하기 싫을 정도로 우울한 기분에 휩싸일 때도 있다. '잔인한 학살자'라는 별명이 붙을 정도로 사람들을 두려움에 떨게 한 냉혈한 그랜트 장군이 중요한 순간에 부처와 같은 자비심을 보인 건 왜일까? 편두통 발작 직후 리 장군과 회담에 나섰기 때문일 가능성이 크다는 의학적 소견이 있다.

만일 그게 사실이라면 그랜트 장군을 오랫동안 괴롭힌 편두통이라는 질병이 그의 마음을 뒤흔들고 판단력에도 영향을 미쳐 미국 역사의 가장 중요한 사건 중 하나인 남북전쟁의 흐름을 바꾸어 좁게는 미국사의, 넓게는 세계사의 향후 판도에도 심대한 영향을 끼쳤다는 얘기가 된다. 한 인물의 두뇌에 침투한 '편두통'이라는 질병이 한 나라의 역사와 세계 역사를 바꿔놓을 수도 있다는 점이 흥미롭지 않은가!

뾰족한 바늘을 찔러 넣어도 뇌가 통증을 느끼지 않는 이유

내 전공인 신경과 외래 진료에는 두통 환자가 많이 찾아온다. 편두통은 물론이고 뇌염과 뇌종양, 지주막하출혈 같은 뇌 자체의 질병으로도 두통이 일어날 수 있고 감기와 고혈압, 숙취로도 두통이 생길 수 있다. 그러나 뭐니 뭐니 해도 긴장형 두통 또는 근수축성 두통이라고 부르는 유형의 두통이 가장 많다. 흔히 '지끈지끈 골치가 아프다'고 표현하는 두통으로 증상이 가벼우면 머리가 약간 묵직한 기분이 든다. 항상 모자를 푹 눌러쓴 것처럼 머리에 무지근한 느낌이 들거나 매우 타이트한 머리띠를 둘러 '머리가 옥죄는 느낌이 든다'고 표현하는 환자도 있다. 환자들 중에는 '삼장법사가 손오공을 다스리기 위해 머리에 씌운 긴고아(緊箍兒)라는 머리띠를 쓰고 있는 느낌'이라고 표현하는 사람도 있다. 삼장법사가 주문을 외우면 금속으로 된 머리띠가 머리를 조이는데, 딱 그런 느낌이라는 설명이다. 부상, 목뼈 변형, 귀나 코의 염증, 안구 피로 등이 주요 원인이다. 또는 골치 아픈 걱정거리가 생겨도 두통이 일어날 수 있다.

팔다리처럼 자유롭게 움직일 수 없지만 우리 머리에도 근육이 있다. 인간의 머리는 무게가 제법 나간다. 우리 머리는 4킬로그램가량 나가는데, 몸통에 단단하게 고정되기 위해 막 형태의 근육과 힘줄이 붙어 있다. 이 근육과 힘줄들이 수축하면 머리를 옥죄는 듯한 두통이 나타난다. 스트레스가 쌓이고 피곤하면 어깨에 누가 올라탄 듯한 어깨 결림 증상이 나타나듯 머리 주위의 근육에도 같은 증상이 생길 수 있다. 근육 수축을 완화하는 약이나 마음의 스트레스를 줄여주는 신경 안정 작용이 있는 약물이 효과가 있으며 걱정거리가 해결되면 두통이 언제 그랬냐는 듯 말끔히 사라지는 경우도 있다.

재미있게도 우리 뇌 조직 자체는 통증을 느끼지 못한다. 뇌 외과 수술에서는 환자가 의식이 있는 상태에서 뇌에 바늘을 찔러 넣기도 하는데 뾰족한 바늘을 찔러 넣어도 환자는 통증을 느끼지 않는다. 뇌종양과 뇌염 등의 질환은 뇌의 외부를 둘러싼 뇌수막이라는 조직이 자극을 받아 통증을 느낀다. 지주막하출혈에서도 나타나는 증상인 편두통도 마찬가지다.

뇌수막이 자극받으면 입안이나 두피의 감각과 마찬가지로 삼차신경이 뇌에 자극을 전달한다. 아이스크림을 먹으면 관자놀이가 짜릿해지는 '아이스크림 두통'이 생기는 것도 그래서다. 시리도록 차가운 감각이 뇌수막을 지나는 신경에도 전달되기 때문이다.

그러나 두통을 일으키는 심각한 질병은 차고 넘친다. 한편 뇌 질환을 염려하는 두통이 있는 환자에게 신경학적 진찰은 기본이고 CT와 MRI 등으로 뇌에 이상이 없는지 정밀검사를 하는 과정에 거짓말처럼 두통이 사라지는 환자도 드물지 않다.

내전을 종식시킨 위대한 영웅 그랜트 장군,

마침내 18대 미국 대통령이 되다, 그러나 그 결말은?

워싱턴의 포드 극장에서 공연을 관람하던 링컨 대통령이 괴한에게 저격당해 이튿날 사망하는 급변 사태가 벌어졌다. 남군이 항복한 직후인 4월 14일의 일이다. 이 충격적인 사건으로 미국 국민들 사이에 동요가 일어났다.

그랜트 장군은 끔찍한 내전을 종식시킨 위대한 영웅으로 미국 국민의 기대를 한몸에 모았고 그 여세를 몰아 제18대 대통령으로 선출되었다. 이는 1868년의 일이다. 그러나 군사적 재능과 정치적 재능은 다르고 유능한 군인이 유능한 정치인이 되기도 어려운 게 세상 이치인가 보다. 그는 측근의 비리 사건을 단호하게 처리하지 못하고 미적거리며 고민하다가 악수를 두는 등 실수가 적지 않았고 이렇다 할 공적 없이 실망스러운 모습을 많이 보여주었다.

그러나 그날 그랜트 장군의 편두통은 전후 미국의 혼란을 최소화하여 지혜롭게 수습하고 남북 화합의 길로 이어지는 흐름을 만들어 오늘날의 초강대국이자 유일 패권국으로 도약하는 계기를 창출했다고 해도 지나치지 않기에 그 점만은 충분히 인정하고 칭송해 마땅하지 않을까.

5.

바이마르 공화국의 힌덴부르크 대통령을 히틀러의 꼭두각시로 만들어 세계대전을 촉발한 질병

— 치매

평화로운 나라 바이마르 공화국은

왜 갑자기 과격한 급진주의 노선으로 돌아섰을까?

제1차 세계대전이 끝난 뒤 독일은 패전 직후의 정치·경제적 혼란을 겪었으나 사회 전체적으로 안정을 되찾으며 호경기를 구가했다. 이는 1920년대 중엽 이후의 상황이다.

독일제국의 바통을 이어받아 수립된 바이마르 공화국은 훗날 여러 나라가 벤치마킹한 국민주권과 자유와 인권, 국내외의 평화에 봉사하는 이념을 완성해 현대 민주주의 국가의 헌법에 많은 영향을 주었다. 그러나 불과 10년 후에는 나치스로 정권이 교체되며 세계는 제2차 세계대전의 소용돌이 속으로 걷잡을 수 없이 빨려 들어가기 시작했다.

이 시점에 불현듯 의문이 든다. 평화로운 나라가 왜 어느 날 느닷없이 과격한 급진주의 노선으로 돌아섰을까? 바이마르 공화국의 갑작스러운 변모에는 지각 능력과 판단력이 떨어지는 파울 폰 힌덴부르크 대통령을 손아귀에 쥐고 특수 사기와 협박을 일삼은 자들의 사악한 음모가 숨어 있었다.

파울 폰 힌덴부르크는 1847년에 융커(Junker) 집안에서 태어났다. 융커란 중세 독일 동부를 무장 개척한 기사의 자손인 지주 귀족으로 명망 높은 군인과 관료를 대거 배출해 독일 사회에서는 존재감이 큰 가문이었다. 힌덴부르크도 가문의 전통에 따라 열한 살에 사관학교에 입학했다. 훤칠한 키에 뚜렷한 이목구비, 준수한 외모의 힌덴부르크는 프로이센 왕비의 눈에 들어 출세 가도를 달렸다.

사관학교를 졸업한 힌덴부르크는 독일제국의 군인으로 승승장구했다. 그리고 1911년 예순네 살 나이에 대장 계급으로 퇴역해 은퇴 생활을 시작했다. 그로부터 3년 후인 1914년 7월말 제1차 세계대전이 발발했고, 8월 26일에 그는 현역으로 복귀했다. 현역 복귀와 동시에 힌덴부르크는 타넨베르크(오늘날의 폴란드 스텡바르크)에서 20만 명의 러시아군을 포위전으로 섬멸해 승리함으로써 국민적 영웅으로 떠올랐다. 이후 그는 군인으로서 최고 영예의 자리인 참모총장까지 진급했으나 독일이 항복하며 다시 은퇴 생활로 돌아갔다. 1918년 11월의 일이다.

그 무렵 공교롭게도 바이마르 초대 대통령이던 프리드리히 에베르트가 재직 중 급사하는 일이 벌어졌다. 그로 인해 제1차 세계대전의 영웅으로 큰 공을 세운 힌덴부르크가 후임자로 물망에 올라 대통령에 선출되었다. 어쩌면 이때 그는 이미 일흔일곱 살의 나이로 조용히 은퇴 생활을 즐기고 싶었는지도 모르겠다.

1920년대에 독일은 온건 우파인 구스타프 슈트레제만(Gustav Stresemann) 외무장관이 주도해 평화 외교로 국제적 지위를 개선하고 미국의 협력을 얻어 무너진 경제를 재건하는 일에 온 힘을 쏟고 있었다. 그러나 국가 경제에 전반적으로 거품이 잔뜩 끼어 내실이 없고 위태로운 상태였다. 참고로, 마를레네 디트리히(Marlene Dietrich)가 주연한 영화 〈푸른 천사(Der Blaue Engel)〉와 라이자 미넬리(Liza Minnelli)가 주인공으로 출연한 영화 〈카바레(Cabaret)〉가 적나라하게 보여주듯 당시 세상은 거품에 취해 흥청거리는 분위기가 무르익고 있었다. 후대에 '황금의 20년대'라고 불리는 좋은 시절로, 당시만 해도 과격한 주장을 부르짖는 국가사회주의 노동자당(Nationalsozialistische Deutsche Arbeiterpartei: NSDAP, 나치스 Nazis)은 하잘 것 없는 소수파에 지나지 않았다.

1929년 10월 정권의 핵심인사였던 슈트레제만이 급사하고 미국 뉴욕의 월가에서 주가가 폭락해 그 여파가 쓰나미처럼 유럽을 휩쓸자 독일을 이끌고 온 '황금의 20년대'가 막을 내리기 시작했다. 당시 힌덴부르크 대통령의 부관이자 아들인 오스카어 폰 힌덴부르크와 오토 마이스너 비서실장, 국방부 고위 관료인 쿠르트 폰 슐라이허 삼인방이 그를 보좌하고 있었다. 대통령은 잘 먹고 잘 마시고 잘 자며 대부분의 정치적 판단을 그 삼인방에게 맡겼다. 삼인방에게 질문하면 그들의 답변이 곧 대통령의 의사가 되었고 국가의 방침과 정책이 되었다.

'보헤미아 상병에게 정권을 내줄 수는 없다'며 재출마를 강행한 힌덴부르크 대통령

1932년, 대통령 임기가 얼마 남지 않아 다음 선거가 코앞에 닥쳐 있었다. 힌덴부르크는 일선에서 물러나 은퇴하고 싶었으나 상황이 허락해주지 않았다. 그 무렵 힌덴부르크는 중요한 회의에서도 토론 내용에 집중하지 못하고 꾸벅꾸벅 졸기 일쑤였다.

어느 날 멍한 표정으로 차에서 내린 대통령의 머리에 젊은 장교가 군모를 씌어주었다. 그러자 갑자기 태엽을 감아 움직이는 병정 인형처럼 그가 척척 움직이기 시작하더니 눈을 빛내며 열병을 했다고 한다. 그뿐만이 아니다. 힌덴부르크는 이따금 한 번씩 발작을 일으키곤 했는데 그러다가 의식을 잃었다.

"위풍당당한 관록을 자랑하는 역전 노장의 풍모는 여전했으나 억지 춘향 식으로 대통령직을 유지해서인지 텅 빈 거목 같은 인상을 받았습니다."

훗날 초대 국제연합 대사를 지낸 일본 외교관 가세 도시카즈(加

瀨俊一)가 과거를 회상하며 한 말이다.

측근 삼인방은 지각 능력이 현저히 떨어진 힌덴부르크 대통령을 보좌하며 제2기 대통령 직무를 수행할 수 있다고 판단한 모양이다. 그중에서도 특히 슐라이허는 노쇠한 대통령을 꼭두각시처럼 조종할 수 있다고 믿은 것으로 보인다.

경제가 불황으로 돌아서자 이 분위기에 편승하여 급속히 세력을 키운 나치스 측에서는 아돌프 히틀러의 출마가 확실해졌다. 이에 맞서 히틀러를 압도할 만한 카리스마 있는 인물로 현 정부 측에서 내놓을 수 있는 확실한 카드는 힌덴부르크밖에 없었다. 힌덴부르크 자신도 자기주장이 지나치게 강한 히틀러에게 나쁜 인상을 받아 '보헤미아 상병에게 정권을 내줄 수는 없다'며 출마를 결심했다. 히틀러는 보헤미아 근처 오스트리아 북부 출신으로 제1차 세계대전에 상병 계급으로 참전했기에 전직 참모총장이던 힌덴부르크는 그를 '보헤미아 상병'이라는 별명으로 얕잡아 부르며 멸시했다.

힌덴부르크는 첫 번째 선거에서 접전을 치른 뒤 두 번째 결선 투표에서 가까스로 히틀러를 누르고 두 번째 대통령 자리에 올랐다. 당선일 다음 날 힌덴부르크는 총리 등 정권 핵심인사들의 의견에 따라 돌격대와 친위대 등 나치스의 군사 조직을 금지했다. 이 시기에 나치스는 공산당 등을 상대로 거리에서 무장투쟁을 벌이며 무장단체를 조직해 활동하고 있었다. 그런 터라 당연하게도 힌덴부르크는 '보헤미아 상병에게 정권을 내줄 수는 없다'며 출마를 결심했다. 히틀러는 보헤미아 근처 오스트리아 북부 출신으로 제1차 세계대전에 상병 계급으로 참전했기에 전직 참모총장이던 힌덴부르크는 그를 '보헤미아 상병'이라는 별명으로 얕잡아 부르며 멸시했다.

나치스가 그 조치를 호락호락 받아들일 리 없었다. 아니, 한발 더 나아가 나치스는 금지령에 대놓고 반발하기까지 했다.

치매로 지각능력이 퇴화한 힌덴부르크 대통령을 꼭두각시처럼 조종하는 삼인방

그 무렵 독일은 정당이 난립해 정국이 혼란스러워졌다. 총리를 비롯한 정부 요인이 자고 일어나면 바뀔 정도로 무분별하게 교체되었다.

힌덴부르크는 군인 출신인 프란츠 폰 파펜을 총리로 임명했다. 전직 총리는 촘촘한 논리를 무기로 꼬치꼬치 따지고 들며 애먹였기에 붙임성이 좋고 윗사람에게 적당히 아부하며 비위도 맞출 줄 아는 파펜이 힌덴부르크에게는 적임자로 보였다. 한편 파펜 입장에서 힌덴부르크는 손쉽게 다룰 수 있는 만만한 상대에 지나지 않았다. 마치 인지 능력이 떨어지는 치매 노인과 그에게 접근해 돈을 뜯어내는 사기꾼 사이였다고나 할까. 독자 여러분은 어리숙한 노인을 상대로 넉살 좋은 청년들이 감언이설을 늘어놓으며 건강식품을 파는 장면을 한 번쯤 목격한 일이 있는지 모르겠다. 바로 그런 식으로 파펜 총리는 힌덴부르크 대통령을 구워삶으며 자신의 이익을 챙겼다.

파펜은 누구도 예상하지 못한 깜짝 인사였던 것으로 보인다. 그도 그럴 것이 영국 대사는 "내가 이상한 나라의 앨리스가 된 기분"이라는 말로 당시의 상황을 묘사했기 때문이다.

총리가 된 파펜은 잽싸게 히틀러에게 손을 내밀었다. 그는 히틀러의 환심을 사기 위해 전 내각이 제출한 돌격대와 친위대 금지령을 철회했다. 위험을 감지한 프로이센주 총리가 힌덴부르크 대통령에게 긴급 면담을 요청했다. 그러나 늙고 지친 대통령의 모습을 보고 금지령 철회에 대한 그의 분노는 동정심으로 바뀌었다. 양심이라고는 털끝만큼도 찾아볼 수 없는 무리에 이끌려 사악한 길로 들어선 늙은 대통령이 눈앞에 있었지만 프로이센주 총리는 할 수 있는 일이 아무것도 없었다.

파펜은 히틀러에게 손을 내밀며 환심을 사고자 노력했으나 히틀러는 그의 손을 잡지 않았다. 정국은 갈수록 점점 더 혼란스러워졌고, 그에 대한 책임을 지고 파펜은 사임할 수밖에 없었다. 힌덴부르크 대통령을 둘러싼 삼인방 중 한 사람인 슐라이허가 총리 자리에 올라 나치스 분단 공작에 나섰다. 파펜은 다시 히틀러에게 접근했고 대통령의 아들인 오스카어와 마이스너 비서실장을 끌어들였다.

감언이설과 협박이 오간 끝에 그들과 나치스 사이에 모종의 밀약이 체결되었다. 이로써 삼인방은 친나치스 인사로 돌아섰다. 나중에 나치스 정권 시대가 되어 오스카어는 육군 소장으로 승진했고 영지도 크게 늘어났다. 마이스너 비서실장은 1945년 제2차 세계대전에서 독일이 패망할 때까지 비서실장 자리를 지켰다. 파펜의 사악한 공작으로 힌덴부르크는 히틀러에 대한 저항 의지를 상실한 채 손발이 꽁꽁 묶이는 신세가 되고 만 셈이었다.

총리 자리에 오른 히틀러,
흉악한 마각을 드러내다

마침내 히틀러가 총리에 임명되었고 파펜은 부총리 자리를 꿰찼다. 1933년 1월 30일의 일이다.

그날 밤, 히틀러의 총리 임명을 축하하는 나치스 돌격대 행진을 총리 관저의 창으로 내려다보던 힌덴부르크 대통령이 말했다.

"어이, 루덴도르프(Erich Friedrich Wilhelm Ludendorff, 힌덴부르크의 과거 부하이자 참모차장을 담당했던 장성). 자네 부하가 멋지게 행진하는구먼. 근데, 저 포로들은 다 뭔가?"

힌덴부르크 대통령의 머릿속에서는 15년 전 제1차 세계대전 상황과 현실이 뒤섞여 있었다.

그해 2월 27일 밤, 국회의사당에 화재가 발생했다. 방화범은 공산당이 주도하는 반나치스 운동세력이라는 소문이 돌았다. 히틀러는 즉시 보복에 나섰다. 다음 날 국민과 국가 보호를 위한 대통령 긴급명령이 발동되었다. 긴급명령의 내용은 시민의 개인적 자유를 빼앗는 내용으로 대부분 채워졌다. 돌아가는 상황이 마뜩잖아 떨떠름한 표정을 지으며 서명을 주저하는 힌덴부르크 대통령에게 마이스너 비서실장은 "대통령 각하께서 싫어하시는 공산당의 손발을 묶어놓는 명령"이라며 서명을 재촉했다. 긴급명령 발동 이후 나치스 정권은 제멋대로 반대 세력을 체포하고 처벌했다. 물론 국회의사당 방화는 사실 나치스가 일으킨 사건이었고 치졸한 모략의 일환이었다.

3월 21일, 베를린 교외 포츠담의 가니존 교회(Garnisonkirche)에서 국회 개회식이 열렸다. 가니존 교회는 프리드리히 대왕 이후 프로이센의 성지로 자리 잡았다. 퇴위한 황제의 아들과 대중에게 낯이 익은 전직 군인들이 화려한 군복에 훈장을 달고 줄지어 섰다. 국방군과 나치스의 군복이 물결처럼 넘실댔다. 한편 히틀러는 평소 입던 제복을 벗고 연미복 차임으로 공손히 대기했다. 자신을 기다리는 무리를 본 힌덴부르크는 감격에 겨워 눈물을 흘렸다.

이튿날 의회에서는 고령의 대통령을 불필요한 업무의 압박에서 해방시켜준다는 명목으로 전권 위임법이 제출되었다. 히틀러는 대통령과 국회의 승인 없이 정책을 집행할 수 있는 권한을 얻었고 압도적 다수로 이 법안을 가결했다. 그 시점에서 이미 나치스에 우호적이지 않은 의원은 대부분 체포되거나 망명하는 바람에 표결에 영향을 미치지 못했다.

히틀러와 악수하는 힌덴부르크 대통령

먹다 남긴 샌드위치 포장지에 서명하는 힌덴부르크 대통령

이미 힌덴부르크는 지적 능력이 떨어져서 정상적으로 대통령직을 수행할 수 있는 상태가 아니었다. 게다가 지적 능력보다 더 심각한 문제가 있었다. 그의 지적 능력과 함께 책임감도 곤두박질쳐서 나치스가 국방군을 집어삼키고 제네바의 국제연맹에서 탈퇴하는 등 중요한 안건을 음흉한 자들이 미리 준비해 둔 서류에 그저 시키는 대로 서명하는 식으로 처리했다.

"대통령은 비서실장이 내미는 서류를 묻지도 따지지도 않고 서명하고, 먹다 남긴 샌드위치 포장지에도 펜을 휘갈겨 서명한다."

그 무렵 저잣거리에는 이런 소문까지 떠돌았다.

힌덴부르크 대통령의 기억은 서서히 희미해졌다. 업무 보고 중인 수행원에게 자신이 젊은 시절 참전했던 프로이센—프랑스 전쟁(Franco-Prussian War, 1870~1871) 무용담을 늘어놓는 등 대화에 집중하지 못하고 자주 딴소리하는 모습을 보였다. 그는 60년 전 참전했던 전투 당시 부하의 이름은 또렷이 기억해도 1914년 타넨베르크 전투 당시의 부하 이름은 떠올리지 못했다.

이는 노인성 치매의 전형적인 기억 장애 증상이다. 이 병을 앓는 사람은 초기에는 새로운 사건을 기억하지 못하게 되는데, 희한하게도 아주 오래된 일은 또렷이 기억하는 경향이 있다. 병이 깊어질수록 과거의 기억도 현재에 가까운 일 순서대로 망각 속으로 사라지며 가물가물해지고 먼 옛날의 일이 새록새록 되살아난다. 타넨베르크 전투는 20년 전 사건이고 프로이센—프랑스 전쟁은 무려 60년 전의 일이었다.

힌덴부르크의 전립선 비대증이 악화했다. 1934년 초여름의 일이다. 고령으로 수술을 받을 수 없는 상태라서 그는 동프로이센의 노이데크(오늘날의 폴란드 오그로지에니에츠) 영지로 돌아가 요양 생활에 들어갔다. 그해 6월 30일, '장검의 밤 사건(Nacht der langen Messer)'이 일어났다. 독일 각지에서 히틀러의 정적으로 알려진 인사들이 하나둘 암살당하는 끔찍한 일이 벌어진 것이다. 나치스에 반대하던 대통령 측근으로 총리를 지낸 슐라이허 장군도 신혼의 아내와 함께 잔인하게 살해당했다.

8월 2일, 힌덴부르크 대통령이 향년 여든일곱 살 나이로 서거했다. 이렇게 '민주주의'와 '평화 외교'를 표방하던 바이마르 공화국은 예측할 수 없는 난기류에 말려들어 아찔한 곡예비행을 하다가 요란한 소리를 내며 나치스체제로 착륙했다. 1932년부터 1934년까지 불과 2~3년 사이에 벌어진 상황이었다. 영국 대사뿐 아니라 양식 있는 동시대인들은 모두 '이상한 나라의 앨리스'가 된 기분을 맛보아야 했다.

역사에 만약은 없다지만 한번 가정해보자. 만약 힌덴부르크가 대통령직을 수행하는 동안 냉철한 판단력과 분별력을 잃지 않았더라면, 아니 노골적으로 그가 노인성 치매에 걸리지 않고 대통령직에서 물러날 때까지 건강한 뇌를 유지했더라면, 그래서 히틀러와 나치스의 불길한 등장과 사악한 준동을 막아냈더라면 어땠을까. 만일 그랬다면 반대파 숙청을 위한 대량 살상도, 유대인 600만 명 학살이라는 인류 역사상 전무후무한 비극도, 제2차 세계대전에서 수천만 명이 목숨을 잃는 끔찍한 흑역사도 일어나지 않았을지 모른다. 그런 관점에서 보면 매우 중요한 시기에 매우 중요한 자리에 앉아 있는 한 인물의 뇌를 파고든 평범한 질병이 일으킨 나비효과가 너무도 크고 끔찍해서 오금이 저릴 정도다.

힌덴부르크 대통령은
왜 치매에 걸렸을까?

힌덴부르크 대통령은 노인성 치매였을 가능성이 크다. 우리가 흔히 '치매'라고 부르는 알츠하이머병(Alzheimer's disease)은 기억과 지남력장애(시간과 장소, 인물 인식 등의 기본적 인지능력장애), 판단 능력, 작업 수행 능력 등 고차원의 뇌 기능이 저하되어 일상생활에 지장이 생기는 상태를 의미한다. 말하자면 뇌 기능이 떨어지는 질병이다. 아동의 지적 장애와 달리 정상적으로 발달했던 뇌 기능이 점차 저하되는 퇴행성 질병이라고 할 수 있다.

치매에는 다양한 원인이 있다. 그중에서 뇌세포에 서서히 변화가 나타나 사멸하는 변성 과정에서 발생하거나 뇌 혈류 장애로 생기는 혈관치매가 흔히 볼 수 있는 유형인데, 알츠하이머병이나 파킨슨증과 관련된 레비소체 치매가 대표적이다.

또 약물 중독이나 저혈당, 수면 부족과 시차병, 알코올 중독 등 일상생활에서 원인을 찾을 수 있는 환자도 있다. 일상생활이 문제인 환자는 진단만 확실하면 어느 정도 치료 가능성이 있다. 힌덴부르크 대통령의 경우는 서서히 치매가 진행되는 양상을 보여 알츠하이머병으로 추정되는데, 뇌 혈류 부전으로 인한 혈관치매일 가능성도 있다.

'치매'라는 용어가 맨 처음 등장한 저서는?

예전에는 '치매'라는 용어를 일반적으로 사용했다. 치매는 오랫동안 정당한 의학용어로 여겨졌으나 실상은 달랐다. 불과 얼마 전까지만 해도 치매 노인을 '망령이 들었다'거나 '망령이 났다'는 식으로 표현했다. 나이가 들어서 생기는 치매를 '노망'이라고 부르기도 했다. 지적 기능이 저하된 고령자를 그렇게 불렀는데, 어느새 의학이나 법률 용어로 '치매'라는 단어가 굳어졌다.

치매라는 용어는 중국 청나라 시대인 1694년에 집필된 저서

『복혜전서(福惠全書)』에 처음 등장했다. 일본에서는 1910~20년대에 물리학자이자 수필가인 데라다 도라히코(寺田寅彦)가 치매라는 말을 처음 사용했다. 모두 어딘가 모자라고 어리숙한 사람을 얕잡아 이르는 의미로 사용되어 정확한 용어로 보기는 어렵다.

1963년 제정된 일본의 노인복지법에는 "정신적으로 뚜렷한 장애가 있다"라는 표현이 등장하는데, 치매라는 용어는 찾아볼 수 없다. 1980년 공중위생심의회가 편찬한 『노인 정신병동에 관한 의견에 관해』에서 공식적으로 치매라는 용어가 처음으로 등장했다. 알고 보면 일본에서 치매라는 용어가 의학 용어로 사용된 시기는 생각보다 그리 오래되지 않았다.

어쨌든 오랜 인생을 산 끝에 불행하게도 기억과 인지 능력이 저하된 사람을 바보나 멍청이의 뉘앙스가 들어간 말로 부르는 건 온당치 않다. 2004년부터 일본에서 치매 대신 '인지증(認知症)'이라는 용어를 사용하기로 한 것도 그런 맥락에서다. 이후 사회적으로도 의학적으로도 '인지증'이 정식 용어로 자리 잡았다. 영어로는 'dementia'에서 'Neurocognitive disorder(신경성인지장애)'로 바꿔 부르자는 움직임이 일어나고 있다.

1930년대 초, 독일에서는 피싱 사기범이 나이든 사람들의 자식 사랑을 이용해 돈을 뜯어내듯 공산주의 혁명에 대한 공포심을 교묘히 자극해 고령에다 인지 장애가 있는 힌덴부르크 대통령을 속이고 겁박해 권력을 찬탈하고 독일뿐 아니라 세계 각국의 역사를 비참하게 만들었다. 힌덴부르크 대통령 이후 세계 각국에서 치매 비슷한 증상을 보이는 대통령과 총리, 서기장이 나타나 국내외 사회에 큰 영향을 주기도 했다.

바이마르 공화국의 대통령 힌덴부르크의 사례를 반면교사 삼아 부디 사리분별력 있고 정확한 판단력을 지닌 명석한 두뇌의 소유자가 지도자의 자리에 올라 자신의 국가는 물론이고 전 세계가 올바른 방향으로 나아갈 수 있도록 리더십을 발휘하기 바란다.

6.

영국 해군 제독 더들리 파운드의 뇌를 장악한 질병, 치명적인 오판으로 제2차 세계대전의 판도를 바꾸어놓을 뻔하다

— 뇌종양

"그를 어떻게 해야 할까가
지금 대영제국이 맞닥뜨린 최대 전쟁이다"

영국 해군은 주로 대서양에서 싸웠다. 제2차 세계대전 중의 이야기다. 당시 지구 반대편에서는 미국과 일본의 항공모함 기동부대가 맞붙었고, 영국과 독일의 해군은 군함끼리 포격전을 벌였다. 말하자면 영국과 독일은 고전적인 해전을 펼친 셈이다.

사실 전투 양상은 좀 더 다양하게 펼쳐졌는데, 예컨대 독일 해군 잠수함의 집요한 공격으로 운송 선단을 호위하는 대서양 전투도 벌어졌다. 영국 해군은 이 전투들에서 대영제국 해군의 전통을 빛나게 하는 눈부신 성과를 추가했다.

그러나 하나 짚고 넘어가야 할 점이 있다. 그것은 바로 영국 해군이 늘 이기기만 한 것은 아니었다는 사실이다. 황당하게도 해군 총사령관의 '뇌 기능 장애'로 중요한 판단을 그르쳐 패배한 전투도 있었다.

더들리 파운드는 영국 해군의 최고위직인 퍼스트 시 로드(First Sea Lord)를 맡았다. 제2차 세계대전이 발발하고 얼마 지나지 않은 1939년 9월의 일로 그의 나이 예순두 살 때였다. '퍼스트 시 로드'는 요즘으로 치면 '해군참모총장'에 해당하는 해군의 최고 우두머리 자리였다.

전쟁이라는 절체절명의 상황에서 군을 통솔하는 수장이라고 하면 일반적으로 누구나 머릿속에 떠올리는 이미지가 있다. 어떤 상황에서도 침착함을 잃지 않고 바늘로 찔러도 피 한 방울 나오지 않을 것 같은 냉정함을 지닌 전략형 두뇌의 지휘관이나 도무지 두려움이라고는 없어 보이는 용감한 돌격형 지휘관이 그런 이미지다.

그런데 더들리 파운드는 우리의 상상을 완전히 벗어나는 뜻밖의 인물이었다. 그는 어디든 엉덩이만 붙였다 하면 겨울잠에 들어간 곰처럼 곯아떨어지고 중요한 전략회의에서도 병든 닭처럼 꾸벅꾸벅 졸기 일쑤였다. 그런데 희한하게도 겉으로 보기에는 아무런 이상도 없어 보였다. 누가 봐도 군인이 되기 위해 태어난 듯한 늠름하고 다부진 몸을 자랑하는 강골 군인이었기에 틈만 나면 병든 닭처럼 조는 그의 모습을 상상하기 어려울 정도였다. 참고로 그는 뒤에서 소개할, 흔히 성인병이라고 부르는 대사 증후군 체형에 많은 피크위크 증후군(Pickwickian Syndrome)도 아니었다. 피크위크 증후군 환자는 누가 봐도 몸집이 비대해서 흔히 '고도 비만'으로 분류되는 사람들이다.

1940년대에 들어서자 더들리 파운드는 회의 중에 아예 대놓고 졸기 시작했다. 그의 그런 행태는 누가 봐도 정상이 아니었다. 파운드와 함께 회의에 참석한 사람들은 그의 지적 능력 저하를 차츰 눈치 챘다.

> 늙은 앵무새가 횃대에 앉아 졸 듯 그는 신나게 고개를 끄덕이며 졸았다.

다음의 인용문은 파운드가 정신없이 조는 모습을 목격한 사람이 남긴 기록이다.

> 최고참모회의에서 의장인 더들리 파운드가 차라리 결석하는 편이 의사 진행과 신속한 결정을 위해 훨씬 도움이 되었을 것이다. (중략) 그를 어떻게 해야 할까가 지금 대영제국이 맞닥뜨린 최대 전쟁이다. 그는 적어도 회의의 75퍼센트를 졸면서 보낸다.

육군 원수였던 앨런 프랜시스 브루크는 일기에서 더들리 파운드를 향한 불편한 심기를 드러냈다. 하지만 서로 영역이 다르거나 상명하복에 수직적 상하 관계가 기본인 군대 조직에서 누구도 파운드의 행태와 잘못을 지적하기 어려웠다. 반드시 누군가는 나서서 고양이 목에 방울을 달아야 하는 상황이었지만.

윈스턴 처칠(Winston Leonard Spencer Churchill, 재임 1940~1945·1951~1955) 총리는 전형적인 야행성 인간으로 점심 먹을 때 즈음 느지막이 일어나 새벽 두세 시까지 일했다. 그리고 새들도 아가 양도 다들 잠든 시간에 해군본부에서 숙식하던 더들리 파운드에게 전화를 걸어 정세를 판단하는 통화를 하고 함께 전략을 구상하며 지시를 내렸다.

윈스턴 처칠 총리는 깨어 있는 동안 누구보다 부지런히 활동해 머리만 대면 바로 잠들 수 있는 사람이었으나 애석하게도 더들리 파운드는 그렇지 못했다. 푹 자고 휴식을 취해야 할 시간에 전화를 받아 잠을 설친 파운드는 만성적 수면 부족에 시달렸다. 그러나 그의 말뚝잠(똑바로 앉은 채 자는 잠)을 수면 부족 탓으로 돌릴 수는 없었다.

원수님은 언제나 꾸벅꾸벅 조신다. 모든 보고를 장악하고 함대가 어떻게 상황에 대응해야 할지 적확하게 판단할 수 있는 분이라고는 도저히 생각할 수 없다.

해군정보부장은 틈만 나면 조는 상사의 모습을 이렇게 평가했다.

군 장성, 과학고문 등과 함께 대공포 배치를 확인하는 윈스턴 처칠과 더들리 파운드

절체절명의 순간에 믿기 어려울 만큼 어리석은 명령을 내린 더들리 파운드

1941년 5월, 독일 전함 비스마르크호 추격전은 해전사를 장식한 전함 간에 벌어진 격렬한 전투였다. 당시 파운드 원수는 수시로 부적절한 지시를 내렸다.

"포탄이 날아오지 않는 안전한 뒷자리에서 감 놔라 배 놔라 간섭이 너무 심한 거 아닙니까?"

독일 전함과 직접 대치중이던 함대 사령관인 존 토비(John Cronyn Tovey)는 파운드 원수의 명령에 울화통을 터뜨리며 항변했다.

"귀관이 지휘하는 함대에서 참모를 소환해 명령 불복종 죄로 군법회의에 회부하겠다."

그러자 파운드 원수는 자신의 명령에 따르지 않는 토비 사령관에게 으름장을 놓는 전보를 보냈다. 화가 머리끝까지 치민 토비 사령관은 군복을 벗을 각오로 격렬히 맞섰다. 해군 수뇌부에서 이런 식으로 감정싸움을 벌이느라 애꿎은 시간만 흘러갔다.

결국 처칠 총리가 나서야 했고, 그는 토비 사령관의 손을 들어주었다. 사실 처음에 처칠은 자신이 총애하는 파운드 원수가 부하이자 현장 지휘관인 토비 사령관에게 좋은 의도로 훈계한 것으로 해석하려 했다. 그러나 전장의 상황을 정확히 파악하고 있는 사람은 파운드가 아닌 토비였기에 처칠은 토비에게 힘을 실어줄 수밖에 없었다. 토비 사령관이 이끄는 영국 함대는 비스마르크호를 추격해 포격전 끝에 침몰시켰다.

이 시기 미국과 영국 연합군은 무기와 군수 물자를 실은 수송 선단을 북대서양과 북극해를 지나 소련령 콜라반도의 아르한겔스크 항구로 파견했다. 한창 독일과 치열하게 싸우는 소비에트 연방군을 지원하기 위해서였다. 노르웨이의 피오르에 독일 해군 함정과 U보트, 항공기가 잠복하고 있는 위험천만한 항로였다. 비스마르크호의 자매함인 전함 티르피츠호가 즉각적인 위협이 되었다.

1942년 6월 27일, 아이슬란드를 출항한 코드네임 PQ17 수송 선단은 원조 물자를 가득 실은 33척의 수송선으로 구성되었다. 호위함이 따라붙었고 순양함과 전함이 부근을 맴돌며 간접 호위했다. 처칠 총리는 우렁찬 목소리로 "티르피츠호를 격침시켜라"라고 명령을 내렸다. 이는 수송로에서 독일 함대가 출몰하면 반드시 격퇴한다는 작전의 일환이었다. 그러나 이때 파운드 원수는 독일 함대의 공격으로 선단을 몽땅 잃게 될까 두려워 발을 동동 구르며 속을 끓였다.

7월 4일, 독일 폭격기와 잠수함의 공격이 시작되어 세 척의 수송선이 침몰했다. 파운드 원수는 작전 정보센터로부터 '흩어져 있던 독일 함대가 합류하고 있다'라는 정보를 받고 당황했다. 한데 이후 그의 행동이 그야말로 충격적이었다. U보트 추격 통제실에 나타난 파운드는 해도를 들여다보다가 의자에 털썩 주저앉더니 눈을 감았다.

'이 와중에 잠이 오나?'

통제실에 있던 장교들이 모두 혀를 찼다. 그러나 꾸벅꾸벅 졸며 아무 대응도 하지 않았다면 차라리 한결 낫지 않았을까. 눈을 감고 있던 파운드가 갑자기 눈을 번쩍 뜨더니 명령을 내렸다.

"PQ17은 수송 선단을 해산하고, 각 함대들은 흩어져 목적지로 향하라."

"호위 함대는 스코틀랜드 연안 정박지로 돌아가라."

독일 함대가 습격해올 위험이 있다며 갑작스럽게 내린 명령이었다. 그 자리에 있던 장교들은 모두 소스라치게 놀랐다. 누구도 예상하지 못한 황당한 명령이었기 때문이다. 이는 늑대 무리 속에 어린 양들을 뿔뿔이 흩어 놓는 작전으로, 초등학생도 하지 않을 치명적인 실수였다. 주위 참모들이 일제히 반대하고 나서자 파운드는 잠시 고민하는 눈치였으나 자신의 주장을 굽히지 않았다.

"이게 내 명령이다. 번복하지 않겠다."

그는 모두가 말리는 명령을 끝까지 밀어붙였다.

호위함을 잃고 흩어진 수송선은 얼마 후 독일 전투기와 U보트의 공격으로 각개격파되었다. PQ17 수송선은 적재 무기까지 동원해 장렬히 맞서 싸웠으나 33척 중 23척이 막대한 양의 무기·물자와 함께 수장되었고 소비에트 연방과 미국과 영국의 공동 전선에서 균열이 발생했다.

7월 28일, 이 사건을 검토하는 회의 자리에서 파운드 원수는 자신의 결정 이외의 다른 명령은 있을 수 없었다고 강변했다.

"당신이 나 대신 이 자리에 앉아 지휘봉을 잡아 보시구려."

불편한 심기를 숨기지 않고 조소를 날리는 소련 대사에게 파운드 원수는 막말을 퍼부었고 분을 이기지 못해 길길이 날뛰었다.

정확한 판단력도 외교상 필요한 자제심도 상실한 망나니의 모습이었다.

미영 수뇌회담에서 실수를 저지른 파운드,
사임 후 한 달 만에 뇌종양으로 사망하다

더들리 파운드 원수는 오른쪽 팔다리가 움직이지 않는 편마비 증상을 겪었다. PQ17 선단의 비극이 터지고 1년이 지난 1943년 여름의 일이다. 그를 진찰한 의사가 코앞으로 닥친 미국에서 개최되는 미영 수뇌회담에 빠지라고 권고했다. 그러자 파운드는 이성을 잃은 듯 불같이 화를 내며 출석을 강행할 의지를 내비쳤다.

더들리 파운드는 결국 자신의 의지대로 미영 수뇌회담에 참석했다. 그러나 크고 작은 문제가 잇달아 터졌다. 첫 방문지인 캐나다 퀘벡에서 파운드는 균형을 잃고 넘어졌고 그의 부하가 말 그대로 '목숨을 구해주는' 일이 발생했다. 회담 기간 내내 그는 혼자 힘으로 걸음조차 제대로 걸을 수 없어 동료들과 함께 행동할 수도 없었다. "안에서 새는 바가지가 밖에서도 샌다"라는 속담처럼 수뇌 회담에서 파운드 원수는 평소 습관대로 또다시 병든 닭처럼 꾸벅꾸벅 졸았고, 미국 루스벨트 대통령의 질문에 제대로 대답하지도 못했다. 이에 참다 못한 처칠 총리가 그를 경질하기로 결심했다.

파운드 원수는 마비 증상 악화를 이유로 사임했고 귀국한 뒤 뇌신경과 전문의에게 진찰을 받았다. 만성으로 진행한 수면과잉과 주의력 결핍, 진행성 우측 편마비, 구음 장애, 양측 시신경유두부종이 그의 진찰 결과였다. 그리고 그로부터 한 달 후인 10월 21일에 그는 세상을 떠났다. 기묘하게도 그날은 138년 전 영국 해군이 찬란한 승리를 거둔 트라팔가르 해전(Battle of Trafalgar) 전승기념일이었다.

당시만 해도 뇌 병리학 검사와 MRI 및 CT 등의 정밀검사가 존재하지 않던 시대였기에 정확한 병명을 알 수는 없으나 임상 증상과 경과로 보아 뇌종양으로 추정된다.

시신경유두부종은 큰 종양과 출혈, 뇌의 부기(부종) 등으로 두개골 내부(두개강頭蓋腔) 압력이 높아지면서 시신경이 눌려 붓는 증상이다. 망막의 시신경 중심부는 살짝 봉긋하게 솟아 있어 이곳을 '시신경유두'라고 부른다. 영상 진단을 할 수 없는 시대에는 뇌 속 상태를 예측하는 중요한 실마리였다. 참고로, 우연일 수 있으나 더들리 파운드 원수의 전임자 역시 뇌종양으로 사임했다.

조지 거슈윈은 왜 뇌종양으로 죽기 얼마 전부터 '고무 타는 냄새'로 괴로워했을까?

이 시대에 더들리 파운드 원수 외에도 뇌종양으로 목숨을 잃은 저명인사가 있다. 조지 거슈윈(George Gershwin, 1898~1937)이 바로 그다. 거슈윈은 러시아계 이민 3세로 1898년 뉴욕에서 태어났다. 그는 젊어서부터 음악적 재능을 활짝 꽃피우며 대중에게 대단한 인기를 얻은 곡을 연달아 작곡했고, 1924년에는 그의 대표작으로 인정받는 피아노 협주곡 〈랩소디 인 블루(Rhapsody in Blue)〉를 세상에 내놓았다. 미국을 대표하는 곡으로 꼽히는 이 피아노협주곡은 여러 편의 영화와 피겨 스케이팅 프로그램, 광고 음악 등으로 사용되었다.(참고로, 김연아 선수가 벤쿠버 올림픽 프리스케이팅 배경 음악으로 거슈윈의 〈피아노 협주곡 F 장조〉를 사용했다.—옮긴이)

조지 거슈윈은 또 하나의 대표곡인 경쾌한 분위기의 〈파리의 미국인(An American in Paris)〉도 세상에 선보였다. 1928년의 일이다. 축복받은 음악적 재능에 잘생긴 외모로 각종 스포츠를 섭렵하며 여자들과 어울려 인생을 즐기는 청년 거슈윈은 1936년에는 영화 음악을 작곡하기 위해 캘리포니아의 할리우드로 이주했다.

해가 바뀐 1937년에 거슈윈은 우울감을 호소하기 시작했다. 의사는 화려하지만 모든 것이 정신없이 빠르게 돌아가는 도시 생활에 적응하지 못해 나타나는 증상으로 진단했으며, 일시적일 것으로 보았다.

그해 2월, 로스앤젤레스 필하모닉 관현악단에서 자신이 작곡한 피아노 협주곡을 지휘하던 도중 거슈윈은 10~20초 동안 정신을 잃었다. 그는 몇 소절을 지휘하지 못하고 넘겼으나 곧 정신을 되찾고 힘차게 지휘봉을 흔들었다. 당시 그는 고무가 타는 듯한 불쾌한 냄새를 맡았다고 고백했는데, 그 후 짧은 의식 상실과 이상한 냄새를 느끼는 발작을 되풀이해 겪었다.

정력적으로 활동하던 거슈윈은 갑자기 기력이 떨어져 아침나절에는 내내 머리를 싸매야 할 정도로 심한 두통으로 고생하며 무력감에 빠졌다. 그는 식탁에서 나이프와 포크를 자주 떨어뜨릴 정도로 기력이 쇠해졌고 피아노도 칠 수 없게 되었다.

어느 날 밤, 파티에 참석했다가 돌아오는 길에 거슈윈은 길바닥에 주저앉고 말았다. 그해 6월 무렵의 일이다.

"머리가 깨질 듯 아파! 고무 타는 냄새가 진동해서 미칠 것 같아!"

거슈윈은 길바닥에 앉아 신음하며 울부짖었다.

입주 간호사의 부축을 받아 욕실로 가던 중 거슈윈이 무너지듯 쓰러졌다. 7월 9일의 일이었다. 곧바로 병원으로 이송되었으나 혼수상태에 빠졌고, 좌측 편마비와 맨눈으로 관찰할 수 있을 정도로 시신경유두 돌출 증상을 보였다.

뇌종양이 의심되는 상황이었다. 미국을 대표하는 음악가 조지 거슈윈의 질병은 정부를 움직였다. 해군 구축함이 카리브해까지 마중 나가 유람선 여행 중이던 뇌 외과 분야의 최고 권위자 댄디(Walter Edward Dandy) 박사를 모셔왔다.

"도착할 때까지 기다릴 수 없어요. 댄디 박사가 고안한 최신 뇌실조영술(오늘날에는 사용하지 않음)로 오른쪽 대뇌 반구의 커다란 종양을 확인하고 곧바로 수술에 들어가겠습니다."

로스앤젤레스의 신경외과 담당의가 한 말이다. 그는 댄디 박사를 태운 비행기가 이륙하기 직전 위급 상황을 이유로 곧바로 수술에 들어간다고 통보했다.

7월 10일, 담당 의사는 마라톤 수술로 오른쪽 측두엽의 종양을 확인하고 부분적으로 제거했다. 그러나 거슈윈은 혼수상태에서 깨어나지 못하고 이튿날 영면에 들었다.

라디오 뉴스는 "100년 이상 쓸 수 있는 곡이 내 머릿속에 들어 있다고 말한 사람이 오늘 할리우드에서 허망하게 세상을 떠났다"라고 부고를 전했다.

수술로 제거한 뇌종양 병리 표본으로 악성 뇌종양인 교모세포종(Glioblastoma)으로 진단되었다.

도스토옙스키도 조지 거슈윈이나 더들리 파운드처럼 뇌종양을 앓았을까?

종양은 세포가 제멋대로 증식해 덩어리를 이루며 커지는 질병이다. 종양 중에 증식 속도가 빨라서 주위 조직으로 쉽게 번지거나 멀리 떨어져 있는 장기로도 이전되는 종류가 암이나 육종(肉腫)으로 불리는 악성 종양이다. 피부에 생기는 사마귀처럼 침윤(浸潤, 염증이나 악성 종양 따위가 번져 인접한 조직이나 세포에 침입하는 일)이나 전이가 일어나지 않으면 양성 종양이라 부른다. 대장 용종(polyp)처럼 크기가 크면 대개 양성이지만 암세포가 섞여 있을 때도 있어 현미경으로 용종을 병리학적으로 검사해 악성 여부를 판별할 수 있다.

뇌종양에도 악성 종양과 양성 종양이 있다. 거슈윈이 앓았던 교모세포종은 의학 기술이 발달한 오늘날도 치료가 쉽지 않은 악성 종양으로 분류된다. 대부분 뇌종양은 신경세포가 종양화하지 않고 교세포(Glia cells)라는 신경세포의 작용을 지원하는 세포와 뇌를 덮은 수막에서 발생한다. 수막종은 거대한 크기로 자라기도 하는데, 어쨌든 양성이다.

종양이 뇌 어딘가에 발병하면 그 부분에 있는 신경 시스템 작용에 장애가 생기거나 자극받아 다양한 증상이 발생한다. 더들리 파운드 원수나 조지 거슈윈에게 나타난 편마비는 반대쪽 대뇌 반구

라디오 뉴스는 "100년 이상 쓸 수 있는 곡이
내 머릿속에 들어 있다고 말한 사람이
오늘 할리우드에서 허망하게 세상을 떠났다"라고 부고를 전했다.

조지 거슈윈

의 운동영역 자체 또는 운동영역에서 시작된 운동신경 경로에 비대해진 종양이 영향을 준 상황으로 판단된다. 또 거슈윈이 느낀 '고무 타는 냄새'는 앞에서 소개된 도스토옙스키 이야기에서 설명한 측두엽 자극 증상이다. 의식 상실도 측두엽 자극 증상으로 나타날 수 있다.

참고로, 도스토옙스키에게 종양이 있었다는 확실한 증거는 없다. 다만 진행 경과와 증상으로 미루어 보건대 거슈윈처럼 그 역시 악성 뇌종양을 앓았을 가능성이 크다.

아침에 찾아오는 두통이 두려운 이유

뇌 속에 종양이 생기면 정신 기능과 함께 지적 기능도 저하된다. 이 경우 치매 증상을 보이거나 인격에 급격한 변화가 나타날 수도 있다.

뇌종양은 두개강 내부에서 커지므로 당연히 두뇌 내부의 압력이 높아진다. 압력이 높아지면 제일 먼저 두통이 나타난다. 이 두통은 주로 아침에 심해진다. 두통 이외의 증상으로는 구역질이 있다. 욕지기가 치밀다 구토로 이어지는 것이다. 비교적 흔한 증상인 두통이나 구역감이라도 제대로 전문가에게 진찰을 받고 CT나 MRI로 뇌종양이나 다른 질병이 아닌지 확인해야 하는 것은 그래서다.

뇌종양이 더 커지면 정상적인 뇌 조직을 압박하게 된다. 전문용어로는 '뇌탈출(腦脫出, 뇌압이 급속히 높아짐으로써 뇌 조직의 일부가 좁은 틈에 끼어들어 가 혈액 순환이나 뇌 기능이 장애를 받는 일)'이라고 부르는 상태인데 의식 불명으로 혼수상태에 빠지기도 한다. 뇌탈출로 뇌간부의 연수(延髓)에 손상이 생기면 호흡 중추에 문제가 생기고 호흡 장애를 일으켜 사망에 이를 수도 있다.

진단은 CT와 MRI 영상 소견으로 이루어진다. 내가 의대생이던 시절에는 이런 영상검사가 없어서 선배 의사들은 임상 증상만 보고 뇌종양을 몇 명이나 진단했는지를 두고 경쟁했다. 현장에 CT가 도입되며 초보 의사였던 나도 즉석에서 뇌종양을 진단할 수 있게 되었다.

뇌종양은 수술로 제거하는 게 일반적이다. 물론 종류에 따라 수술이 어려운 부위도 있다. 이런 부위에는 방사선 치료나 항암제를 사용한다. 물론 더들리 파운드 원수나 조지 거슈윈이 살던 시절과 달리 이 분야의 치료법도 눈부시게 발전했다.

만일 그때 CT와 MRI가 있었더라면

제2차 세계대전 중 영국 해군에서 상층부의 혼란과 판단 착오가 있었을 때 처칠 총리는 즉각적인 대응을 하지 않았다. 그는 『삼국지』의 제갈공명처럼 읍참마속(泣斬馬謖)의 심정으로 문제가 있는 참모를 경질하지 않았고 평소 아끼던 파운드 원수의 책임을 묻지도 않았다. PQ17 수송 선단의 비극은 명백히 파운드 원수의 실수였다. 잠에 취해 제대로 된 판단을 내리지 못했거나 "자라 보고 놀란 가슴 솥뚜껑 보고 놀란다"라는 말대로 독일 함대의 그림자에 지레 겁을 먹고 공황을 일으켰을 수도 있다. 어느 쪽이든 정상적인 사고와 판단이 불가능한 상태였다.

일본 해군에서도 비슷한 일이 일어난 적이 있다. 레이테만 전투(Battle of Leyte Gulf)에서였는데, 전함 무장 등의 주력함이 침몰당해 치명적 손실이 빚어졌다. 직접적 원인은 함대 참모장이 수면 부족으로 객관적이고 냉철한 판단을 할 수 없었기 때문이었다. 전투 항해 중인 함장은 한숨도 자지 못하고 며칠씩 함교(艦橋)에서 근무했는데, 그로 인한 수면 부족이 판단 착오로 이어졌고 궤멸적 패배로 이어진 것이었다.

그러나 더들리 파운드의 뇌 기능 부전은 만성적 수면 부족이 유일한 원인은 아니었다. 해군 참모총장이 된 시점에 그의 뇌에 모종의 '이상'이 발생했다. 그때 신경과 전문의에게 진료를 받았더라면 그는 틀림없이 파운드의 취임을 강력히 만류했을 것이다. CT와 MRI가 없어 요즘처럼 즉각적이고 정확한 진단은 불가능하더라도 간단한 인지 검사만으로 충분히 '이상' 징후를 발견할 수 있지 않았을까.

국난이나 모종의 비상사태에 직면한 상태에서 지도자의 잘못된 판단 하나로 군인은 물론이고 국민의 목숨이 위험해지고 운명마저 전혀 예상치 못한 방향으로 틀어질 수 있다. 심신이 건강한 상태에서 결정적 순간에 중요한 판단을 내렸더라면 역사의 물줄기가 달라졌을 수도 있었을 일들이 세계사에는 무수히 많다. 지도자의 위치에 오르는 사람이라면 반드시 냉철한 판단력과 분별력을 갖추어야 한다. 중요한 회의 자리에서조차 수시로 졸고 만성적 수면 부족에 시달리고 질병까지 앓는 상태라면 수많은 사람의 목숨과 운명을 좌우할 수 있는 중요한 자리에서 스스로 물러나는 것이 마땅한 도리가 아닐까.

7.

미국 역사상 유일한 '4선 대통령' 프랭클린 루스벨트를 최악의 대통령으로 만든 질병

— 고혈압뇌출혈

제2차 세계대전 당시 프랭클린 루스벨트에게
오늘날의 '혈압약'이 있었다면
세계 역사가 달라졌을 것이라고?

역사에 '만약'은 없다지만 또 한번 가정해보자. 만약 오늘날 사람들이 흔히 복용하는 '혈압약'이 있었고 그 약을 제2차 세계대전 중 미국 대통령 프랭클린 델러노 루스벨트(Franklin Delano Roosevelt, 재임 1933~1945)에게 투여했다면 역사는 어떻게 달라졌을까? 전후 시간이 많이 흐른 뒤 '그때 만일 그랬다면 실제로 역사가 크게 달라졌을 것'이라는 내용의 논문이 의학 잡지에 실렸다.

동서 진영의 대립이 격화하던 냉전 시대에 얄타회담에서 스탈린에게 고분고분 순응하는 모습을 보인 루스벨트는 미국인들 사이에서 '사상 최악의 대통령'이라는 불명예스러운 이름으로 불리며 손가락질당하고 있었다.

이것은 어디까지나 가정이지만 만약 혈압약으로 그의 고혈압이 완치되지는 못하더라도 적절히 제어되었다면 제2차 세계대전 후 국제 질서를 결정지은 얄타회담 내용이 획기적으로 달라졌을 테고 동서 유럽을 나눈 철의 장막과 현재 러시아와 일본 사이의 민감한 현안인 쿠릴 영토 분쟁도 일어나지 않았을 수 있다.

현실에서는 일본의 히로시마와 나가사키에 원자폭탄이 투하되고 끈질기게 버티던 일본은 항복을 선언했다. 다시 한번 강조해서 말하지만 '만약 루스벨트가 혈압약으로 고혈압을 다스렸다면' 이후 세계사의 물줄기는 크게 달라졌을 가능성이 있다. 고혈압이라는 질병은 도대체 20세기 국제 정세와 이후의 역사에 어떤 영향을 미친 걸까?

'일본 해군의 하와이 진주만 공격이
루스벨트 대통령이 일본을 도발하고자 부린
술책이었다'라는 주장은 과연 사실일까?

프랭클린 루스벨트는 1882년 뉴욕주의 부유한 가정에서 태어나 일찍이 정치인이 되겠다는 뜻을 품었다. 그 연장선에서 그는 제1차 세계대전 중 해군에 입대하여 차관이 되었다.

전쟁이 끝난 뒤 루스벨트는 소아마비(폴리오바이러스에 의한 척수 염증으로 움직임의 장애가 생기는 병)를 앓았고 이후 하반신이 마비되는 시련을 겪었다. 그러나 그는 좌절하지 않았고 꾸준히 요양하며 재활에 힘쓴 덕분에 활동을 재개할 수 있게 되었다. 1928년 그는 뉴욕 주지사에 당선되었다. 그러나 루스벨트는 주지사로서 본격적으로 정계에 진출했을 때에도 휠체어에 앉아 생활해야 했다. 그래서인지 오늘날까지 요양보호사의 도움을 받아야 자리에서 일어날 수 있는 사람이라는 사실을 떠올리게 하는 사진은 몇 장뿐이고 그를 찍은 동영상 자료도 거의 남아 있는 게 없다.

1929년 10월, 월가의 주가가 폭락하며 대공황이 시작되었다. 루스벨트는 '구제(Relief) · 회복(Recovery) · 개혁(Revolution)'을 캐치프레이즈로 내걸고 뉴딜 정책(New Deal)을 구체적인 공약으로 내세우며 대통령 선거에서 승리했다. 1932년의 일이다. 대통령이 된 그는 붕괴 위기에 놓인 농업 정책을 골자로 마흔네 살 젊은 농학자 헨리 애거드 월리스(Henry Agard Wallace, 1888~1965)를 농무장관에 임명했다.

대공황은 중서부 농민을 덮쳤다. 가난으로 피폐해진 농촌을 버리고 일자리를 찾아 떠도는 유랑민 '호보(Hobo)'로 전락한 사람이 적지 않았다. 존 스타인벡(John Ernst Steinbeck)의 『분노의 포도(The Grapes of Wrath)』(1939) 같은 소설과 우디 거스리의 포크송은 이 시대 노동자의 삶과 감정을 예술로 승화한 작품이다.

1939년 9월, 나치스 독일의 폴란드 침공으로 유럽에서 세계대전이 발발했다. '나치스 반대'를 표명한 루스벨트 정권은 초기엔 전쟁에 개입하지 않았으나 미국의 여론은 차츰 참전 쪽으로 기울었다. 급기야 미국이 유럽의 전쟁에 어떤 식으로 개입할지를 두고 여론이 엇갈렸다.

일본 해군이 하와이 진주만을 기습 공격하자 미국 여론은 '참전'으로 모아졌다. 1941년 12월 7일(미국 시간 기준)의 일이다. 미국은 망설임 없이 제2차 세계대전의 불구덩이 속으로 뛰어들었다. 루스벨트 대통령이 일본을 공격하고자 술책을 부렸다는 주장도 있으나 진위는 알 수 없다. 어쨌든 루스벨트 대통령은 독일, 일본, 이탈리아 등 추축국(Axis Powers, 제2차 세계대전 당시 연합국과 대립한 나라들이 맺은 동맹)에 대한 전쟁을 선포하고 전면적으로 대응할 수 있게 되었다.

정치인 중에 루스벨트 대통령처럼 유독 뇌혈관 질환을 일으킬 확률이 높은 'A형 성격'이 많은 까닭

"진주만을 기억하라!(Remember Pearl Harbor!)"

프랭클린 루스벨트 대통령은 의회에서 참전을 강력히 주장하며 추축국 측에 단호히 선전 포고했다. 그런데도 그는 영국의 처칠 총리와 소련의 스탈린 서기장과 비교하면 제2차 세계대전 중 활약상이 그다지 알려지지 않은 편이다. 왜 그럴까?

연합국 수뇌들이 모두 모인 카이로회담과 테헤란회담에서 루스벨트 대통령은 눈에 띄게 수척해진 기색을 보였다. 1943년의 상황이다. '감기가 떨어지지 않아서'라는 변명으로 둘러댔으나 이후 '미국 대통령 건강 이상설'이 나돌았다.

루스벨트 대통령은 잠시도 쉬지 않고 부지런히 몸을 움직이는 'A형 성격'이다. 여기서 A형 성격이란 혈액형이 아니라 1950년대 미국에서 생명보험회사가 성격과 심장혈관 질환과의 관계를 조사해 만든 성격 분류법의 한 유형이다. 이에 따르면 심근경색과 협심증 등은 향상심이 강하고, 성격이 급하고, 공격성이 강한 사람에게 발병하는 사례가 많다는 사실이 밝혀졌다. 이런 사람은 뇌혈관 질환을 일으킬 확률이 높다. 전문가들은 이를 'A형 성격'으로 분류했다.

이와 반대로 한 자리에 진득하게 앉아 일하며 인생을 즐기고 승패에 집착하지 않고 스트레스를 그다지 느끼지 않는 유형은 B형 성격에 속한다. B형 성격은 뇌와 심장혈관 질환 발병 확률이 상대적으로 낮다. 걱정을 달고 사는 새가슴인 사람은 C형으로, 암에 걸리기 쉽다는 주장도 있다. 한데, 흥미롭게도 루스벨트 대통령은 물론이고 정치인 중에 유독 A형 성격이 많다.

루스벨트 대통령은 두꺼운 잎담배를 매일 스무 개비가량 말아 피우는 골초로 동맥경화 증상을 보였을 확률이 높다. 진주만 공습 무렵 그의 혈압은 188/105mmHg로 기록되어 있다. 그때 이미 중증 고혈압 환자였다고 보아도 무리가 없는 수준이다.

루스벨트 대통령은 부쩍 기력이 쇠약해진 모습을 보였다. 1944년 1월, 차기 대통령 선거가 임박한 제3기 마지막 해 무렵이었다.

"대통령은 아침부터 무척 피로해 보였다. 대화 중 그는 수시로 졸았고, 가끔 서명 도중 잠시 의식을 잃기도 해서 괴발개발 휘갈겨 쓴 서명이 남아 있다."

이는 대통령을 보좌하며 당시 상황을 가까이에서 지켜본 사람의 목격담이다. 또 다른 기록에는 "고혈압 증상인 아침나절의 두통도 이 무렵 나타났다"라고 기록돼 있다.

루스벨트 시대의 의사들은
왜 고혈압의 위험성을 간과하고 우습게 여겼을까?

루스벨트 대통령의 체력이 한계에 도달했다. 1944년 3월 무렵의 상황이다. 그는 숨이 가빠졌고 청색증 증상까지 나타나 워싱턴 교외 해군병원에 입원해야 했다. 입원 당시 측정한 혈압은 186/107mmHg, 고혈압에 울혈성 심부전, 기관지염 진단이 내려져 즉시 치료에 들어갔다. 심부전에는 강심제인 디기탈리스, 기관지 확장 작용이 있는 아미노피린을 처방했다. 주치의는 기관지염 예후가 나빠진다며 담배를 줄이도록 요청했고, 루스벨트는 하루스벨트 대통령은 잠시도 쉬지 않고 부지런히 몸을 움직이는 'A형 성격'이다. 여기서 A형 성격이란 혈액형이 아니라 1950년대 미국에서 생명보험회사가 성격과 심장혈관 질환과의 관계를 조사해 만든 성격 분류법의 한 유형이다. 이에 따르면 심근경색과 협심증 등은 향상심이 강하고, 성격이 급하고, 공격성이 강한 사람에게 발병하는 사례가 많다는 사실이 밝혀졌다. 이런 사람은 뇌혈관 질환을 일으킬 확률이 높다. 전문가들은 이를 'A형 성격'으로 분류했다.

프랭클린 델러노 루스벨트

루 스무 개비에서 열 개비로 줄였다. 그때만 해도 요즘만큼 담배의 해악이 알려지지 않아 담배가 건강에 해롭다는 인식이 부족했다.

당시에는 제대로 된 혈압약이 아직 개발되지 않고 있었다. 그런 터라 고혈압에 대한 병원과 의사들의 대응책이라고는 심리적 안정을 찾도록 하는 일과 신경안정제밖에 없었다고 해도 지나치지 않다. 게다가 놀랍게도 몸속 여러 조직에 필요한 혈액을 보내느라 혈압이 높아졌으니 무리해가면서까지 혈압을 억지로 내릴 필요가 없다고 주장하는 의사까지 있을 정도였다.

대통령이 와병 중임에도 차기 정권을 결정하는 선거전이 치러졌다. 얼핏 봐도 건강 상태가 좋지 않아 오늘내일하는 루스벨트가 재선된다고 해도 임기 중 다시 쓰러질 위험성이 크다고 여겨져 민주당은 부통령 후보를 매우 신중히 고려하며 예비 선거전에 돌입했다.

부통령 후보로 가장 유력한 사람은 현직 부통령 헨리 월리스였다. 그는 확실한 실적과 높은 인지도에 더해 루스벨트 대통령의 개인적 호의와 신임까지 얻고 있었다. 마침내 루스벨트는 월리스에 대한 지지를 표명했다.

그러나 월리스가 부통령 후보가 되는 데 장애가 나타났다. 그에 강력히 반대하는 여론이 일어난 것이었다.

"월리스 부통령은 소비에트 연방과 중국 공산당에 우호적인 급진 좌파다."

루스벨트에게 누구 못지않게 막강한 영향력을 가진 영부인 엘리너 여사도 반대론에 힘을 실었다. 결국 미주리주 선출 상원의원인 해리 트루먼(Harry S. Truman, 재임 1945~1953)이 부통령 후보로 결정되었다.

그해 8월이 되어 루스벨트 대통령은 요양을 마치고 복귀했으나 연설 중 협심증 증상을 호소했다. 트루먼은 "그 무렵 대통령은 홍차에 크림을 넣을 때 찻잔이 아닌 잔 받침대에 쏟을 정도로 기력이 쇠해 있었습니다"라고 증언했다. 루스벨트의 손이 벌벌 떨렸고 정상적인 대화도 힘들었다. 정신적으로 혼란스러운 모습은 보이지 않았으나 육체적으로 만신창이가 돼 있었다.

가을에는 혈압이 260/150mmHg로 올라갔다. 이듬해인 1945년 1월 20일에 제4기 대통령 취임식이 있었는데 이때도 협심증으로 가슴 통증을 호소했다. 부쩍 야윈 대통령의 모습은 청중에게 충격과 불안을 안겨주었다.

얄타회담 이후 루스벨트가 '미국 역사상 최악의 대통령'으로 평가받은 이유

루스벨트 대통령은 전후 처리를 둘러싼 스탈린, 처칠과의 회담에 참석하기 위해 소련 크림반도의 얄타로 향했다. 취임식 직후인 1945년 1월 하순 무렵의 일이다. 대통령 일행은 순양함과 수송기를 갈아타고 소련 땅에 입성했다. 그 무렵 소련은 한겨울 한파가 몰아치는 계절이라 늙고 병든 루스벨트에게는 고난의 행군이나 다름없었다. 그런 까닭에 서방측 인사에 악의를 가진 스탈린이 일부러 그 시기에 얄타를 회담 장소로 고집했다는 주장도 있다.

2월 4일부터 일주일 동안 열린 얄타회담에서 몇 가지 중요한 조약이 체결되었는데, 대부분 소련에 유리한 방향으로 결정되었다. 일테면 독일이 항복한 후 2~3개월이 지난 시점에서 소련이 일본과의 전쟁에 참전하고, 동유럽은 소련이 지배하며, 소련과 일본이 맺은 중립 조약을 파기하고 남사할린과 쿠릴 열도를 소련에 병합하는 등의 결정이었다. 서방측 총수격인 루스벨트 대통령이 건강 문제로 회의에 집중하지 못하는 바람에 미국과 영국이 소련에 밀리는 결과가 빚어졌다. 처칠의 주치의였던 찰스 윌슨 모란 경은 회고록에서 다음과 같이 말했다.

> 루스벨트 대통령은 기력이 쇠할 대로 쇠해 있었다. 어깨에 담요를 두르고 시들시들한 모습으로 입을 헤 벌린 채 앞을 보고 있었다. 돌아가는 정세에 대해 아무것도 모르는 기색이 역력했다. 당시 루스벨트의 모습 본 사람들은 충격을 받았다. (중략) 누가 봐도 대통령의 몸은 삐걱거리고 있었다. 문제는 체력만 약해진 게 아니라는 점이었다. 그

는 멍하니 입을 벌리고 앉아 있기만 할 뿐 토론에는 거의 참여하지 않았다. '그가 과연 이 중요한 자리에 앉을 자격이 있는 사람인가' 하는 의문이 들 정도였다. (중략) 진행된 뇌동맥경화의 다양한 증상을 보였고, 앞으로 살날이 몇 개월이나 남았을까 싶은 인상을 받았다.

얄타회담 당시 루스벨트 대통령의 혈압은 300/170mmHg로 기록되어 있다.

얄타회담 이후 루스벨트는 한동안 미국 역사상 최악의 대통령으로 평가받았다. 소련의 거센 공격에 밀려 미국의 권익을 제대로 주장하지 못함으로써 불리한 조건으로 협상을 맺었기 때문이다.

조지아주 웜스프링스의 별장에서 요양 중이던 루스벨트 대통령은 "누가 뒤통수를 세게 때린 것처럼 아파!"라고 말한 직후 의식을 잃었고 온몸에 경련을 일으켰다. 얄타회담이 끝나고 2개월 후인 4월 12일의 일이다. 당시 혈압은 300/190mmHg로 심각한 뇌출혈 진단이 내려졌고, 그로부터 두 시간쯤 뒤에 사망이 선언되었다. 당시 그의 나이 예순세 살이었다.

발작을 일으켰을 때 루스벨트는 한 여류 화가에게 의뢰한 자신의 초상화 모델을 서기로 일정이 잡혀 있었다. 그때 그는 오랜 연인과 함께 지내고 있었다. 그가 쓰러지자마자 황급히 별장에서 빠져나온 여성, 루시 러더퍼드(Lucy Page Mercer Rutherfurd)가 바로 대통령의 연인이었다.

고혈압이 만성화하고 증세가 심해지면 왜 치매 환자처럼 인지 능력을 상실할까?

고혈압이 만성화하면 압박을 견디지 못한 혈관 벽이 딱딱하게 굳는데, 이를 '동맥경화'라고 부른다. 동맥경화를 제때에 치료하지 않으면 뇌에 장애가 생길 수 있고 팔다리 마비 증상까지는 아니더라도 집중력이 떨어지고 인지 능력을 상실해 치매 환자와 같은 모습을 보이게 된다. 얄타회담 당시 모란 경이 관찰한 루스벨트 대통령처럼 말이다.

루스벨트 대통령은 오랫동안 고혈압을 앓았고 시간이 갈수록 악화했다. 대통령 제2기 임기가 시작된 1937년에 이미 그의 혈압은 169/98mmHg를 기록했고 1945년에는 최고 혈압이 꾸준히 200mmHg를 넘었다.

앞에서도 잠깐 언급했듯이 '만약 루스벨트가 대통령으로 재임하던 시대에 고혈압을 다스리는 강압제가 있었더라면 얄타회담에서 그토록 어이없는 결과가 나오지는 않았을 것'이라는 주장의 논문이 종전 후 얼마 지나지 않은 시점에 미국 의학 잡지에 실렸다. 본격적인 강압제인 티아자이드(Thiazide) 계열 약물은 1950년대 후반이 되어서야 사용되기 시작했다.

고혈압이 오래 지속되면 동맥경화 등으로 시한폭탄이 된 뇌혈관이 터져 뇌출혈을 일으키기 쉽다. 우리 몸에서는 심장에서 나온 굵은 대동맥이 촘촘하게 가지를 치며 뻗어나가 가는 동맥이 되고, 모세혈관으로 조직 세포에 산소와 영양분을 공급하며 탄산가스와 노폐물을 모아 가는 정맥이 되고, 이윽고 굵은 대정맥이 되어 심장으로 돌아오는 방식으로 혈액 순환이 이루어진다.

대다수 장기와 조직에서 동맥은 낭창거리는 나뭇가지처럼 완만한 각도로 가지를 치듯 뻗어나가는데, 뇌혈관은 구조가 복잡해서 급커브를 이루거나 직각으로 분기한다. 강한 압력이 가해지는 혈류의 급격한 방향 전환은 그 압력을 받는 부분의 혈관 내벽에 상처를 주고 약해진 부분이 풍선처럼 부풀어 올라 동맥류가 생길 수 있다.

뇌출혈·뇌경색이 일어났을 때 조기 대응이 매우 중요한 까닭

뇌저부에 큰 동맥류가 생기면 거미막하출혈(Subarachnoid hemorrhage, 蜘蛛膜下出血)의 원인이 되고, 뇌 조직 내에 생긴 작은 크기의 동맥류가 파열하면 뇌내출혈이 일어난다(뇌출혈은 출혈이 발생하는 위치와 원인에 따라 뇌내출혈, 거미막하출혈, 경막하출혈, 경막외출혈 등으로 나뉜다). 출혈 양이 많으면 뇌의 넓은 부위에서 조직을 파괴할 뿐 아니라 뇌를 압박해 뇌간부의 호흡 중추를 침범해 사망에 이를 수 있다.

뇌내출혈이 일어난 경우를 상상해보자. 이 경우 출혈이 생긴 부위가 뇌의 표면과 가까워 수술하기 쉬운 부위라면 해당 부위에 관을 꽂아 핏덩어리를 빨아들이는 방식으로 처치한다. 이 시술이 불가능한 환자에게는 지혈제를 사용하거나 뇌압이 높아지지 않도록 이뇨제 등의 약물을 처방해 치료한다.

출혈이 아닌 뇌혈관이 막히는 뇌경색이 일어났을 때 증상이 나타나고 네 시간이 지나기 전 조기 대응하면 혈전을 녹이는 치료 약물을 사용할 수 있다. 그러나 이 시기를 놓치면 경색이 약해진 부분에 출혈이 일어날 수 있어 조직을 보호하고 뇌압이 높아지지 않도록 대처하며 급성기의 고비를 넘겨야 한다.

뇌출혈, 뇌경색 모두 동맥경화와 고혈압, 당뇨병 등의 성인병이 원인이 될 수 있으므로 평소 생활습관에 문제가 있어 생기는 이러한 질병을 적절히 치료하려는 노력과 생활관리가 중요하다.

"운명의 신이 총통의 적을 쳐부수었습니다"

프랭클린 루스벨트 대통령의 부고 소식이 전해진 독일에서는 베를린 공방전이 한창 전개되고 있었다. 1945년 4월의 상황이다.

"총통 각하, 축하드립니다! 오늘은 13일의 금요일입니다. 운명의 신이 총통의 적을 쳐부수었습니다."

선전장관 괴벨스가 아돌프 히틀러에게 보고했다. 그러나 소련은 파죽지세로 진격했고 4월 30일에 히틀러가, 5월 1일에 괴벨스가 자살했다. 그리고 그로부터 불과 며칠 뒤인 5월 7일 독일은 연합군에 항복했다.

일본에서는 오키나와 전투가 시작되었다. 연합군 측에서는 '아이스버그 작전'이라고 부르는 전투로, 이오지마 전투에 이어 두 번째로 일본 영토 내에서 벌어진 미군과 일본군의 전면전이었다. 일본 해군의 자랑이던 전함 야마토(大和)가 침몰한 직후 갓 취임한 스즈키 간타로(鈴木貫太郎) 총리가 담화를 발표했다.

"루스벨트 대통령의 지도력이 빛을 발해 오늘날 미국이 우위를 점할 수 있게 되었음을 인정하지 않을 수 없다. 미국 국민의 깊은 상실감에 애도를 표한다."

담백한 담화문은 미국 정부 내 지일파와 언론에 약간의 호감을 주는 데는 성공했으나 그렇다고 해서 미군이 공격의 고삐를 늦추지는 않았다. 미국은 가혹한 통상 파괴 작전과 공습을 멈추지 않았고, 마침내 일본에 원폭 투하가 결정되었다.

7월 하순에 접어들어 베를린 교외 포츠담 체칠리엔호프궁(Schloss Cecilienhof)에서 연합국 군 수뇌 회담이 열렸다. 이 회담에서 대일 항복 권고를 주요 의제로 삼은 포츠담 선언이 나왔다. 미국에서는 부통령의 자리에 있다가 루스벨트 사후 대통령이 된 트루먼이 출석했다. 트루먼 대통령은 회담이 한창 진행되는 도중 미국 뉴멕시코에서 핵실험이 성공했다는 소식을 받았다. 그때 이미 일본은 해상 봉쇄로 식량과 물자가 부족해져 벼랑 끝에 몰려 있었고 공습으로 파괴되어 그야말로 숨이 넘어가기 직전의 절박한 상황이었다. 일본의 항복은 시간 문제였다.

> 만약 루스벨트 대통령 재임 중 제4기 부통령이
> 트루먼이 아니라 헨리 월리스였다면,
> 이후 세계사는?

미국으로 돌아온 트루먼 대통령은 히로시마와 나가사키에 원자폭탄 투하를 명령했다. 일본이 포츠담 선언 수락 쪽으로 가닥을 잡아가던 시점이었다. 전후 국제 정세를 예측해 정치적으로나 군사적으로 강력히 떠오르고 있던 소련에 미국의 막강한 힘을 보여주고 견제하려는 의도를 담은 결정이었다.

만약 루스벨트 대통령 제4기 부통령이 트루먼이 아니라 헨리 월리스였고, 그가 루스벨트 서거 후 미국 대통령이 되었다면 과연 그는 어떤 결단을 내렸을까?

어디까지나 가정이긴 하지만 아마도 월리스는 소련을 견제한다는 의도에서 원폭 투하라는 엄청난 결정을 하지는 않았을 것이다. 만약 일본에 항복을 촉구한다면 당시 미국 정부 내부에서 나온 의견대로 해상 투하로 무력시위를 하는 수준에서 그치지 않았을까? 어느 쪽이든 일본은 전쟁을 계속할 의지를 완전히 상실했을 가능성이 크다. 만일 그랬다면 일본은 물론이고 전 세계의 이후 역사의 흐름은 크게 달라졌을 것이다. 그러나 사실 그랬다 하더라도 정말로 어떻게 되었을지는 누구도 알 길이 없다. 그야말로 역사에는 '만약'이 없으니까.

트루먼은 동유럽에서 세력을 확장하며 베를린을 봉쇄한 소련에 강경 태세를 취했다. 이후 양국은 총칼로 대결하지는 않았으나 군사적으로 첨예하게 대립하는 아슬아슬한 긴장 상태, 즉 '차가운 전쟁'이라 일컬어지는 냉전에 돌입했다.

월리스와 마찬가지로 루스벨트 정권에서 뉴딜정책을 추진한 젊은 관료 중에는 미군이 점령한 도쿄의 연합국 총사령부의 민정관이 되어 본국에서 이루지 못한 급진적 개혁을 일본에서 시도한 사람들도 있었다.

8.

히틀러의 장기 집권과 나치스 독일의 세계 지배를 막은 질병

— 파킨슨병

인류 역사상 최악의 독재자이자

광기 서린 지도자 히틀러의 몰락에

어떤 질병의 그림자가 드리워져 있었다는데?

국민이 카리스마 넘치는 강력한 지도자를 원할 때는 언제일까? 사회 전반적으로 자신감을 잃어갈 때다. 그런 상황에서는 한쪽으로 크게 치우친 극단론이나 과격한 주장을 일삼는 사람이라도 지도자로 선출되는 경우가 더러 있다. 실제로 이라크와 아프가니스탄 전쟁에서 사실상 패하고 나라 안이 양극화 문제로 시끄러워진 미국에서는 도널드 트럼프가 대통령에 당선되었고, 일본에서도 외교와 경제에 짙은 그림자가 드리워졌던 시대에 강경책을 주장하는, 힘 있는 이미지의 수상을 열망하는 국민의 목소리가 커졌다.

제1차 세계대전 패전으로 자신감을 잃고 절망에 빠진 독일에서 히틀러는 강렬한 카리스마로 독일 국민의 마음을 사로잡았고,

패전국에서 다시금 강대국으로 재기하는 저력을 보여주며 온 독일 국민을 열광의 도가니로 몰아넣었다. 그리고 그는 '세계 최고 국가 독일'을 선전 문구로 내세우며 주변 국가들에 대한 침략을 개시했다.

전쟁 초반에 히틀러가 이끈 독일은 연전연승하며 불패 신화를 쓰는 듯했다. 그러나 그는 전쟁에 열을 올리며 차츰 분별력을 잃었고 제2차 세계대전에서 패망하고 말았다.

세계 역사상 최악의 독재자이자 광기 서린 지도자로 불리는 히틀러가 한때 승승장구하며 승리를 이어갔으나 마침내 힘을 잃고 몰락한 배경에 어떤 질병의 존재가 그림자를 짙게 드리우고 있었다는 사실을 알면 그와 그가 이끈 독일이 왜 필연적으로 패망할 수밖에 없었는지 좀 더 명확히 이해하게 될 것이다.

트럼프 대통령의 '미국 우선주의'는
세계 최고 국가 독일을 표방한
나치스의 '독일 우선주의'를 흉내 낸 것이다?

아돌프 히틀러는 1889년 오스트리아 브라우나우암인에서 태어났다. 화가를 꿈꾸던 청년 히틀러는 수도 빈으로 와서 생활하며 열심히 노력했으나 꿈을 이루지 못했다. 히틀러가 화가를 꿈꾸는 동안 제1차 세계대전이 발발했고, 그는 독일 육군에 지원해 상병으로 복무하며 최전방에서 독가스 공격에 노출되기도 했다.

1918년 독일 패전으로 전쟁은 끝났고 히틀러는 훗날 국가사회주의 노동자당(나치스)이 되는 작은 우익 정당에 가입했다. 그는 당원이 된 후 뛰어난 언변으로 당을 장악했고 당수 자리를 꿰찼다.

그러나 지나치게 극단적인 언동으로 한동안 히틀러는 민중의 지지를 얻지 못했고 급기야 쿠데타 실패로 체포되는 지경에 이르기도 했다. 1929년, 뉴욕 월가의 주가 대폭락으로 시작된 세계 대공황의 여파가 독일과 유럽에 밀어닥쳤다. 그에 따라 실업자가 급증하며 독일 사회 전반에 불안감이 팽배했다. 사람들의 불만을 과격한 주장과 폭력적 행동으로 대변한 나치스는 급속히 세력을 확대했다. 가려운 곳을 시원하게 긁어주는 나치스의 주장에 공감하는 사람이 차츰 늘어났다.

국회에 다수 의석을 차지한 후 나치스는 국회의사당 방화 사건을 일으켰다. 1933년의 상황이다. 나치스는 방화 사건의 범인으로 공산당을 지목했고 험악한 분위기를 몰아 공산당을 비합법적 정당으로 만드는 데 성공했다. 나치스는 방화 사건 조작으로 견제 세력을 일거에 제거하는 데 성공하여 마침내 나치스의 일당 독재 체제를 확립했다. 이듬해 힌덴부르크 대통령이 서거하자 히틀러는 총통(Führer)이 되어 전권을 장악했다.

'세계 최고 국가 독일', 히틀러가 이끄는 나치스는 독일 우선주의를 표방하며 군사력과 경제력 증강을 목표로 했다. 그가 내건 캐치프레이즈는 트럼프 대통령의 '미국 우선주의'와 비슷했다. 부국강병 정책을 내세운 나치스는 제1차 세계대전에서 잃어버린 영토를 회복한 뒤에도 진군을 멈추지 않고 영토를 확장해 나갔다. 한편에서는 비밀경찰 게슈타포와 강제수용소 등을 동원하여 사상 통제를 강화했고 독일인이 아닌 사람, 특히 유대인 차별과 박해를 본격화했다.

독일 전역에 불온한 기운이 감돌았으나 히틀러 총통의 박력 넘치는 연설에 독일 국민의 눈과 귀가 쏠렸다. 멋진 제복을 입고 반듯한 자세로 정렬한 늠름한 나치스 당원들의 모습을 연출해 화려한 볼거리를 제공하고 애국심을 고취하자 독일 국민은 나치스에 열광했다. 화려한 분칠로 추악한 민낯을 감춘 나치스는 독일 국민의 눈길을 돌리고 정권을 장악하는 데 성공했다.

뉴스영화 카메라맨의 정교한 조작으로도
감출 수 없었던 히틀러의 뚜렷한 파킨슨병 증세

1920년대 이후 히틀러는 왼손이 덜덜 떨리는 증상을 자각하고 언제나 손을 다소곳이 모아 쥔 모습으로 대중 앞에 나타났다. 그러나 그의 '왼손 떨림'이 병적인 증상임을 아무도 눈치채지 못했다. 그가 연단에 올라 화려한 몸짓과 힘 있는 목소리로 유대인과 외국인을 추방하자고 외치는 카리스마 넘치는 독재자의 모습을 가감 없이 보여주었기 때문이다.

독일군은 이웃 나라 폴란드를 침공했고 제2차 세계대전이 시작되었다. 1939년 9월의 일이다. 히틀러는 이때를 기다렸다는 듯 기세를 몰아 선동 연설에 나서서 전의를 고취하는가 싶더니 막상 전쟁이 시작되자 국민 눈앞에서 모습을 감추고 신비주의 전략으로 바꿨다. 그에 따라 전쟁이 터진 후에는 수많은 대중 앞에서 열띤 어조로 연설하는 히틀러의 모습을 볼 수 없게 되었다. 그는 가뭄에 콩 나듯 뉴스영화(Newsreel)에 모습을 드러냈다. 당시만 해도 텔레비전이 없던 시절이었기에 영화관에서 정기적으로 뉴스영화를 상영했고 대중은 스크린을 통해서만 히틀러의 모습을 볼 수 있었다.

전쟁 중 파리에 머물던 일본 상사 직원의 회상록에는 1943년 가을, 뉴스영화에서 본 히틀러의 모습에 충격을 받았다는 문장이 등장한다. 구부정한 자세로 다리를 절며 걷는 노인의 모습으로 등장한 히틀러는 거의 폐인이나 다름없었으며, 그 모습을 본 관객들 사이에서 야유가 쏟아졌다. "빨리 죽어버려라", "지옥에 가서 사탄을 만날 날이 얼마 남지 않았다" 등 온갖 조롱과 야유로 극장 안이 떠들썩해졌다.

뉴스영화를 담당한 카메라맨은 정해진 앵글로만 촬영해야 했고, 총통의 거동에 문제가 있어 보이는 모습은 절대로 촬영해선 안 된다는 규정이 존재했음에도 히틀러의 완연한 병색을 감출 수 없었던 모양이다.

1942년 무렵부터 히틀러의 왼손이 숨길 수 없을 만큼 심하게 떨렸고, 몸의 움직임이 둔해졌으며, 균형을 잃고 비틀거리는 모습을 자주 보였다. 이는《독일 주간뉴스(Die Deutsche Wochenschau)》필름을 분석한 내용이다. 전쟁 말기인 1945년 봄 즈음 히틀러를 목격한 사람의 기억에 따르면 그가 총통 관저 지하 참호의 복도를 왼발을 질질 끌며 비틀비틀 벽을 따라 걷거나 안경을 든 왼손을 심하게 떨어 안경에서 달그락대는 소리가 났다는 증언이 나왔다. 또 그 무렵부터 외모에 신경을 쓸 여력이 없었는지 주름이 지거나 얼룩이 생긴 복장으로 등장할 때가 많아졌다는 기록도 남아 있다.

1945년 4월 20일, 히틀러의 생일에 관저 정원의 열병식을 촬영한 영화에서 뒷짐을 쥔 히틀러의 왼손이 박자를 맞추듯 규칙적으로 덜덜 떨리는 모습이 필름에 담겼다. 뇌 신경과 전문의라면 놓칠 수 없는 전형적인 파킨슨병 증상이다.

그러나 히틀러의 주치의였던 테오도어 모렐(Theodor Gilbert Morell)은 수전증과 체력 저하는 인지했으나 정확한 병명을 진단하지는 못했다. 어쩌면 모렐은 비뇨의학과 전공이었기에 파킨슨병 증상에 관한 지식이 부족했을 수도 있다.

1945년 4월에 들어서서 샤리테 베를린대학병원(Charité-Universitätsmedizin Berlin) 정신과 소속 막스 데 크리니스(Max de Crinis) 교수가 파킨슨병을 의심하고 당시 이 병의 치료제로 사용되던 하르민(harmine)을 히틀러에게 처방했다. 그러나 전쟁의 최종 국면에 접어들어 베를린 공방전이 한창이던 와중에 그는 자살로 생을 마감했다. 그해 4월 30일의 일이다.

히틀러의 정부이자 아내였던 에바 브라운은 그의 파킨슨병을 눈치 챘을까?

떨림, 어눌한 동작, 균형감각 상실 등은 파킨슨병의 주요 증상이다. 이 병에 걸리면 근육 긴장이 심해지는 증상도 나타날 수 있다. 표정 변화가 적어지고(가면안masked face) 보폭이 좁아져 뒤뚱뒤뚱 걷고 억양이 없는 작은 목소리로 웅얼웅얼 말한다. 장의 활동도 정체되어 변비가 생기기 쉽다.

히틀러의 경우 파킨슨병 증상이 목격담과 뉴스영화로 수없이 발견되어 비교적 명확히 진단을 내릴 수 있다. 근육 긴장은 팔꿈치 등의 관절을 움직여 진찰하지 않으면 정확히 알 수 없다. 그러나 히틀러의 부하, 주위 정치인이나 군인은 감히 그의 몸을 만지고 움직여 판단할 수 없었을 테고, 주치의인 모렐은 이 병에 대한 지식이 부족했다. 혹시 모르겠다. 히틀러의 정부로 인생 막바지에 결혼한 에바 브라운(Eva Anna Paula Braun)이라면 그의 근육과 관절이 뻣뻣해지고 굳어가는 증상을 알 수도 있었겠지만 정말 몰랐는지 여부는 시간이 많이 지난 탓에 영원한 수수께끼로 남을 수밖에 없다.

파킨슨병은 인구 10만 명당 150명 정도 빈도로 발병하는 질병으로 희귀 질병은 아니다. 그런 터라 이따금 거리를 지나는 사람 중에도 가끔 파킨슨병 환자처럼 걷는 사람을 볼 수 있다. 실제로 1817년 세계 최초로 이 병을 발견한 영국인 외과의사 제임스 파킨슨(James Parkinson)은 통행인을 관찰하고 증상을 꼼꼼히 정리해 논문을 썼다.

인간은 누구나 몸을 움직일 때 '이 근육은 이렇게 움직이고, 저 근육은 저렇게 움직여야지' 혹은 '이 근육은 더 빠르게 움직이고, 저 근육은 천천히 움직여야지'라고 일일이 의식하지 않는다. 걸으려고 생각하면 다리뿐 아니라 온몸의 근육이 각각의 역할에 맞게 일정한 패턴을 형성하며 자동으로 움직인다. 달리기할 때도 입을 움직일 때도 키보드를 치기 위해 손끝을 움직일 때도 하나하나의 근육 단위로 움직임을 의식하지 않고 자동으로 움직여 일관된 동작을 완성한다.

쉽게 말해, 우리 뇌에는 원활히 몸을 움직이도록 돕기 위한 컨트롤 시스템이 있다. 그중에는 이해를 돕기 위해 자동차에 비유하자면 출발하기 위해 엔진 점화 장치의 스위치를 켜고 상황에 따라 자동으로 액셀러레이터와 브레이크를 조정하는 오토 크루즈 같은 기능도 있다.

뇌의 중심부, 사과에 비유하자면 '심'에 해당하는 부분의 대뇌기저핵과 뇌관의 흑질이라는 세포 집단 등이 네트워크를 형성하는 시스템을 의학적으로는 추체외로계(Extrapyramidal system)라고 부른다.

파킨슨병은 이 추체외로계의 활동에 문제가 생겨 오토 크루즈 기능이 제대로 작동하지 않는 상태다. 이 병으로 동작이 둔해지고 발을 헛디뎠을 때 반사 작용이 굼떠져서 넘어지기 쉽고 근육의 긴장이 심해져 항상 브레이크를 밟고 있어 앞으로 나아가지 않는 자동차처럼 온몸이 뻑뻑한 상태다. 떨림은 시스템 에러를 알리는 경고음이다.

파킨슨병은 정신적으로도 활력이 떨어져 우울증 상태가 되고 생각하는 속도가 느려지는 등의 다양한 증상을 동반한다. 또 같은 동작과 생각을 고장 난 장난감처럼 반복하는 증상도 간혹 나타난다. 제2차 세계대전에서 히틀러가 지도자로서 전면에 나서지 않고 두문불출하거나 초반에 보여주었던 반짝이는 영민함이 사라진 모습을 보였던 데에는 아마도 파킨슨병의 영향이 적지 않았을 것이다.

히틀러의 정부로 인생 막바지에 결혼한 에바 브라운이라면 그의 근육과 관절이 뻣뻣해지고 굳어가는 증상을 알 수도 있었겠지만 정말 몰랐는지 여부는 시간이 많이 지난 탓에 영원한 수수께끼로 남을 수밖에 없다.

파킨슨병 특효약을 개발한 빈 연구팀이
대단한 업적에도 불구하고
노벨의학상을 받지 못한 까닭은?

파킨슨병은 뇌간의 흑질 이상으로 도파민이라는 화학물질을 만들어내지 못하는 상태를 말한다. 흑질은 뇌간에 있는 신경세포 집단으로, 이름으로도 알 수 있듯 검은색을 띠고 있다. 왜 검은색일까? 세포에 멜라닌 성분이 들어 있기 때문이다. 이 세포는 도파민을 생성한다.

뇌 등의 신경조직은 컴퓨터와 비슷하다. 반도체 소자 사이의 연락은 전기신호로 이루어지듯 신경세포가 다른 세포에 신호를 전달할 때는 신경섬유 말단에서 화학물질을 방출해 신호를 전달한다. 이러한 역할을 하는 화학물질을 신경전달물질이라고 부른다. 흑질세포가 대뇌 기저핵에 신호를 보낼 때는 도파민이 신경전달물질이 된다.

파킨슨병 환자의 뇌 속에는 도파민이 부족하다. 그러므로 도파민을 약물로 처방하면 치료할 수 있을 것 같다. 단순하게 생각하자면 그렇다는 얘기다. 그러나 안타깝게도 우리 몸은 그렇게 단순하지 않다. 우리 뇌에는 화학물질에 따라 혈액 속에서 그대로 뇌로 들어가지 못하게 하는 역할을 하는 혈액뇌장벽이 존재하기 때문이다.

도파민도 혈액에서 대량으로 뇌에 들어가면 환각과 경련, 구토, 식욕 부진 등의 증상을 일으킬 수 있기 때문에 아무리 뇌 속에 도파민이 부족해도 우리 몸은 도파민을 혈액뇌장벽으로 쉽게 통과시키지 않는다. 혈액뇌장벽을 통과한 후 도파민으로 변화하는 L-도파(L-DOPA)라는 약물을 사용하게 된 것은 그래서다.

히틀러가 세상을 떠나고 15년이 지난 1960년에 일본 오사카대학교의 사노 이사무(佐野勇) 교수가 L-도파를 파킨슨병 환자에게 최초로 사용해 효과를 입증했다. 그러나 사노 교수가 일본어로만 논문을 써서 전 세계에 알려지지는 않았다.

사노 교수의 뒤를 이어 빈의 발터 비르크마이어(Walther Birkmayer) 박사 연구팀이 사용했고, 마침내 세계 각지에서 유효성이 인정되어 1965년 무렵부터 파킨슨병 특효약으로 보급되었다. 그러나 빈 연구팀에는 나치스 친위대 소속 군의관 전력이 있는 인물이 포함되어 있어 노벨상 대상에서 제외되었다.

이후로도 뇌에 관한 다양한 사실이 밝혀진 덕분에 줄어든 도파민 작용을 개선하는 약물과 신경종말에서부터 도파민 분비를 촉진하는 약품 등 새로운 약이 잇따라 개발되었다. 또 최근에는 뇌 속 추체외로계의 매우 한정된 부위에 전극을 심어 전기 자극을 주는 치료법도 보급되고 있다.

파킨슨병 환자의 뇌에는 레비소체라는 특이한 물질이 나타나는데, 이 물질이 대뇌피질에서 대량으로 분비되면 강렬한 환각을 동반하는 치매 증상이 나타날 수 있다. '레비소체 치매'라고 부르는 병으로 알츠하이머 치매와 마찬가지로 치료법이 발견되지 않아 의료진과 환자와 가족을 괴롭히는 질병이다.

낮에 다 죽어가는 모습이던 히틀러가 밤에 기운 넘치는 모습으로 탈바꿈한 비결은?

"히틀러를 진단하고 병명을 알아냈지만 근본적인 치료법은 없었습니다."

전후 전범 재판에 세워졌던 샤리테 베를린대학병원 막스 데 크리니스 교수는 전범으로 함께 투옥된 독일 장군에게 이야기했다. 크리니스 교수가 권유한 하르민은 도파민 분해를 억제하는 약물로 같은 약리 작용을 하는 약물이 전후에 새로 개발되어 파킨슨병 치료제로 널리 사용되며 효과를 증명했다.

그러나 마땅한 치료법이 없었던 1943년 가을 무렵 히틀러의 병세는 점점 깊어만 갔다. 당시 목격담에 따르면, 한낮에 러시아 전선의 독일군 사령부를 찾은 히틀러는 고개를 푹 숙이고 다 죽어가는 환자의 모습으로 나타났다. 게다가 그는 눈에 띄게 턱을 덜덜 떨기까지 했다. 그러다가 저녁나절이 되자 마치 딴사람이 된 것처럼 생기가 돌았다. 반듯한 자세에 등을 쭉 펴고 있었고 기운이 넘치는 모습으로 변해 있었다. 저녁 식사를 하던 중 히틀러를 돌보던 당직 의사가 도착했다. L-도파가 없던 시절에 의사는 그에게 과연 무슨 약물을 투여했을까?

히틀러에게 사용된 약물의 종류는 나중에 꽤 자세히 밝혀졌다. 처방전에는 메스암페타민과 코카인도 포함되어 있었다. 이 약품들은 각성제나 마약으로 분류되는데, 그중에는 도파민 활성을 촉구하는 작용도 있다. 담당 의사들은 정확히 진단하지는 못하더라도 이 위험한 약물들이 히틀러의 증상을 개선하고 위풍당당한 제3 제국 총통의 자태를 되찾아줄 수 있으리라는 사실을 경험적으로 알고 있었던 게 아닌가 싶다.

물론 이 약물들에는 환각과 망상 등의 정신적 부작용이 뒤따르고 약을 끊으면 금단 증상도 나타난다. 이 약물들이 전쟁 막바지에 히틀러에게 상당한 영향을 주었다고 충분히 가정해볼 수 있다.

암살 미수 사건으로 신경증이 거짓말처럼 사라졌다고?

히틀러를 노린 암살 미수 사건이 벌어졌다. 1944년 7월 20일의 일이다. 사건 직후 "떨림이 멈추고 거동이 눈에 띄게 자유로워졌다"라는 기록이 남아 있다.

"이번 일격으로 내 신경증이 거짓말처럼 사라졌다. (중략) 예전에는 잠을 자는 동안에도 다리의 떨림이 멈추지 않았다. 그런데 이 증상도 사건이 벌어진 후 감쪽같이 사라졌다. 그렇다고 해서 암살 미수 사건이 바람직한 요법이었다고 말할 생각은 없다."

히틀러 자신도 기적처럼 사라진 증상에 놀랐는지 측근에게 이렇게 말했다.

떨림이 멈췄을 뿐 아니라 몸과 마음에 활기가 돌아온 히틀러는 저항운동 탄압을 지시해 전쟁의 비극을 배가시켰다. 그러나 9월에는 다시 원래 상태로 돌아갔다.

암살 미수사건처럼 격렬한 정신적 흥분을 느끼는 상황에서는 굼떠졌던 동작이 마법처럼 민첩해지는 증상을 파킨슨병 환자에게서 관찰할 수 있다. 제대로 걷지도 못하던 환자가 화재가 발생하자 걸음아 나 살리라며 엄청난 속도로 피신했다는 이야기도 있다. 또 1995년 일본 고베 지역을 강타한 한신·아와지 대지진 당시 고베의 병원에서 근무하고 있던 의사의 증언에 따르면 20퍼센트의 환자가 지진 직후 일과성 증상 개선을 보였다고 한다. 이는 역설적 운동증(Paradoxical kinesia)이라는 현상이다.

재해뿐 아니라 누구나 기뻐서 날뛸 정도의 커다란 환희를 느껴도 같은 증상이 나타난다. 내가 예전에 파킨슨병으로 진단한 환자가 있다. 그는 오래된 신사가 있는 집성촌에 살았다. 그 마을에는 특별히 선발된 청년이 말을 타고 가파른 오르막을 올라가는 행사로 그해의 길흉을 점치는 전통이 있었다. 그는 그 행사에 사용할 말을 돌보는 일을 했는데, 파킨슨병으로 겨우 혼자서 걸을 수 있을 정도의 장애 등급이 나왔다.

그런데 그는 자신이 돌보던 말이 그 행사에서 깎아지른 절벽이나 다름없는 오르막을 한달음에 뛰어 올라가자 흥분을 주체하지 못하고 빽빽하게 밀집해 있는 군중을 헤치고 내달렸다. 정신을 차리니 어느새 신사 건물 앞에 와 있었다. 평소라면 젖 먹던 힘까지 짜내도 올라가기 힘든 길고 가파른 신사의 계단을 겅중겅중 신들린 듯 뛰어 올라갔다. 무아지경으로 내달리는 모습을 본 주위 사람들은 병이 다 나았다며 놀라 소리쳤다.

의학적으로는 강렬한 정신적 충격으로 오토 크루즈의 브레이크가 해제된 상태로 추측할 수 있다. 이러한 역설적 운동증의 메커니즘이 확실히 규명되면 파킨슨병 치료에도 한 줄기 빛이 비치지 않을까!

9.

인민의 영웅 마오쩌둥을 바보로 만들고
중국 공산당을 추악한 권력투쟁의 복마전으로 만든 질병

— 근위축측삭경화증(루게릭병)

마오쩌둥은 왜 대약진 정책 실패로 인한 엄청난 혼란을 수습하려 하지 않았을까?

1966년, 중국에서 문화대혁명의 광풍이 불어 닥치기 시작했다. 초반에는 일본 언론도 이에 대해 호평을 쏟아냈다. 중국 공산당 주석 마오쩌둥(毛澤東, 재임 1949~1959)이 주도한 운동으로 인습을 타파하고 새로운 공산주의 문화를 창조하자는 취지의 개혁 운동이라는 평이 주를 이루었다.

그러나 얼마 지나지 않아 문화대혁명은 중국 공산당 내부의 과격한 내전에 지나지 않는다는 사실이 판명되었다. 특히 홍위병, 즉 무장한 중 · 고등학생들이 나타나 모든 반란에는 이유가 있다는 의미의 '조반유리(造反有理)'라는 구호를 내걸고 과격한 투쟁에 나서면서부터 더욱더 노골화했다.

이 시기에 정계 최고위층 인사가 인민재판의 심판대에 세워졌고 잔혹한 폭력의 희생물이 되었다. 중일전쟁과 내전을 거쳐 성립

한 중화인민공화국, 즉 새롭게 탄생한 중국을 합리적으로 이끌자는 생각에 '반혁명적'이라는 낙인이 찍히면서 일어난 폭거였다.

왜 이런 일이 벌어졌을까? 역사가들 중에는 마오쩌둥이 자신이 주도해 펼친 대약진 정책의 실패로 대규모 아사자가 속출하며 거센 비판을 받게 되자 권력을 되찾고 공고히 하기 위해 저지른 권력 투쟁의 일환으로 분석하는 시각이 있다.

문화대혁명은 한 치 앞을 알 수 없는 진흙탕 싸움으로 변했고 중국의 혼란은 20년 넘게 이어졌다. 궁금한 점 한 가지. 절대 권력을 손아귀에 쥐고 있던 마오쩌둥은 왜 엄청난 혼란 사태를 수습하려 하지 않았을까? 결론부터 말하자면, 당시 그는 사태를 수습할 수 있는 상태가 아니었다. 난치병으로 의사소통에 장애가 생겼고, 그의 의사를 타진할 수 있는 기밀비서와 대립하는 세력 사이에 알력이 빚어졌기 때문이다.

여색을 밝히는 공산당 최고 지도자, 인민의 아내를 탐하다

마오쩌둥은 1893년 중국 남부 후난성의 지주 가문에서 태어났다. 당시 기준으로 그는 고등교육을 받고 교사가 되었다. 그는 중국 근대화의 열풍에 자극받아 공산당에 입당했고 지도자가 되었다. 청나라가 몰락한 후 혼란스러운 중국에서 공산당은 국민당과 대결과 화합을 반복했다. 그러다가 한때 국민당 세력에 밀려 산간벽지로 내몰리기도 했다. 밖에서는 국민당과 싸우고 공산당 안에서는 당권을 장악하기 위한 치열한 권력 투쟁이 벌어지는 상황에서 마오쩌둥은 몇 번이나 크고 작은 위기를 넘겼다.

공산당이 지휘하던 팔로군이 마침내 국민당을 격파하고 중화인민공화국을 수립했다. 1949년 10월의 일이다. 공산당 내부에서 카리스마를 지닌 지도자로 인정받던 마오쩌둥은 최고 지도자인 공산당 주석의 자리에 올랐다. 그 후로도 권력 투쟁은 끊이지 않았고, 1966년 문화대혁명의 불씨를 지폈다.

1966년 11월, 베이징의 중난하이 지구로 스무 살을 갓 넘긴 장위펑(張玉鳳)이 마오 주석을 찾아와 면담을 요청했다. 당시 장위펑은 마오쩌둥 전용 열차의 철도원으로 근무하고 있었다. 그는 왜 마오를 찾아왔을까? 문화대혁명 당시 직장에서 생긴 갈등으로 결혼한 지 얼마 안 된 그의 남편이 곤란을 겪게 되자 도움을 청하기 위해서였다. 마오쩌둥은 사건에 개입해 장위펑의 남편 자리를 보장해준 다음 그를 불러들였다.

마오쩌둥은 노동자와 농민 계급을 기반으로 하는 중국 공산당 최고 지도자였으나 그의 사생활은 프롤레타리아의 그것과는 거리가 한참 멀었다. 특히 마오는 여색을 밝혔는데, 베이징을 비롯해 중국 전역을 시찰하다가 눈에 띄는 여성이 있으면 지분거리며 손을 댔다. 주석의 간택을 받은 여성들은 자랑스러워하며 그의 잠자리 시중을 들었다.

마오쩌둥의 아내 장칭(江青)은 그 무렵 부인과 질환을 앓고 있어서 동침할 수 없었기에 남편의 복잡한 여자 문제를 못 본 척 넘겼다. 그런 상황에서 마오가 특별 열차에서 주석 전속 승무원이던 장위펑과 부적절한 관계를 맺게 된 것은 어쩌면 이상한 일도 아니었다. 마오의 침실에는 장위펑 전용으로 작은 침대가 놓였고, 주석과의 동침도 그의 주요 업무 중 하나가 되었다.

어쨌든 명목상 생활 복무조에 편성된 장위펑은 주석의 신변 잡무를 처리하는 업무를 맡았다. 쉽게 말해 마오의 개인 비서 역할을 담당하게 된 셈이었다. 장위펑은 참한 외모에 더해 두뇌 회전이 빠르고 서무 관리 능력도 뛰어나 곧 마오에게 없어서는 안 되는 중요한 인물로 떠올랐다.

"저놈들이 예전엔 나를 죽이려 하더니
이번엔 주석을 잡을 셈이구나!"

1970년 무렵부터 마오쩌둥은 호흡기 감염증으로 건강이 나빠질 때가 많았다. 마오의 주치의였던 리즈수아(李綏之)의 증언이 그 사실을 뒷받침해준다. 오랜 세월 피워댄 담배가 화근 문화대혁명은 한 치 앞을 알 수 없는 진흙탕 싸움으로 변했고 중국의 혼란은 20년 넘게 이어졌다. 마오쩌둥은 왜 엄청난 혼란 사태를 수습하려 하지 않았을까? 결론부터 말하자면, 당시 그는 사태를 수습할 수 있는 상태가 아니었다. 난치병으로 의사소통에 장애가 생겼고, 그의 의사를 타진할 수 있는 기밀비서와 대립하는 세력 사이에 알력이 빚어졌기 때문이다.

이었다. 마오는 몹시 까다로운 환자로 의사의 말을 잘 듣지 않았고 특히 주사라면 질색했다.

"자네들이 주는 약은 하나같이 아무짝에도 쓸모가 없어. 나한테 약을 먹이려는 자가 있다면 썩 꺼져버려!"

1972년, 기관지염과 심부전을 앓을 때는 약을 먹지 않겠다고 의사들에게 짜증내며 억지를 부리기도 했다. 그럴 때면 마오쩌둥의 아내 장칭은 철부지 남편을 말리고 다독이지는 못할지언정 오히려 편을 들고 부추겼다.

"저놈들이 예전엔 나를 죽이려 하더니 이번엔 주석을 잡을 셈이구나!"

장칭은 이렇게 말하며 의사들에게 독설을 퍼부었다.

사실 마오쩌둥은 항생제 주사를 맞았다가 쇼크를 일으켜 의식불명 상태에 빠진 적이 있었기에 의사에 대한 믿음이 부족했다. 게다가 곁에서 시중드는 장위펑마저 의사들의 지시를 따르지 않고 매일 복용해야 할 약을 챙겨주지 않았다.

그 무렵 마오쩌둥은 장위펑만 데리고 단 둘이 식사하는 시간이 많았다. 자연스럽게 두 사람 사이에 한층 친밀감이 더해졌다. 그런 터라 심지어 마오의 아내 장칭도 주석 얼굴 보기가 하늘의 별따기였다. 고민 끝에 장칭은 장위펑을 구워삶아 주석과의 소통 창구로 삼기 위해 시계·옷가지 등의 선물 공세를 퍼부었다.

미국 대통령 닉슨(Richard Milhous Nixon, 재임 1969~1974)이 베이징

을 전격적으로 방문해 마오쩌둥의 개인 공간으로 안내되었다. 1972년 2월의 일이다. 당시 주석 비서실은 마오의 안 좋은 건강 상태를 노출하지 않기 위해 수선을 떨었다. 인공호흡기를 비롯한 각종 의료 기기는 눈에 띄지 않는 곳으로 치웠고 건강한 상태를 연출하기 위한 온갖 쇼를 벌였다. 그러나 대단한 야단법석을 떨고서도 주석의 건강 이상을 숨기지는 못했다. 닉슨 대통령의 회상에 따르면 마오는 악수하기 위해 소파에서 혼자 힘으로 일어나지도 못할 정도로 기력이 쇠해, 장위펑으로 짐작되는 여비서의 부축을 받으며 겨우 몸을 움직일 정도였다. 마오는 제대로 말도 하기 힘들 만큼 상태가 안 좋아 보였는데, 그 자신도 대화가 힘들다고 솔직히 인정했다.

저우언라이(周恩來) 총리는 주석이 기관지염을 앓아 목이 쉬었기 때문이라고 어설프게 변명했으나 닉슨 대통령과 그의 수행원들은 뇌졸중 후유증이라고 짐작했다. 마오쩌둥의 얼굴은 밀랍인형처럼 표정이 없었고 손도 눈에 띄게 떨렸다. 증상으로 보아 그 무렵 마오는 뇌졸중 후유증이나 파킨슨병으로 거동이 불편해지고 언어 장애가 생겼다고 짐작할 수 있다.

"제 건강이 그다지 양호하지 못합니다. 살날이 얼마 남지 않은 듯합니다."

그해 9월, 다나카 가쿠에이(田中角栄) 일본 총리가 중일 국교 회복을 위해 베이징을 방문했을 때 마오쩌둥은 자신의 건강이 좋지 않다는 사실을 구태여 숨기지 않았다. 마오의 주치의 리즈수아에 따르면 그때 이미 그의 양손 근육, 특히 오른손이 위축된 상태였다.

마오쩌둥의 후계자 자리를 놓고 벌어진 살벌한 권력투쟁

1973년에 접어들면서 마오쩌둥의 언어 장애가 급속히 진행되었다. 목이 쉬고 갈라진 데다 목소리까지 작아져 측근들도 알아듣기 힘들어졌다. 오로지 장위펑만 마오의 말을 이해했다. 장위펑이 출산 휴가로 잠시 자리를 비우자 마오는 심기가 불편해졌고 짜증이 늘었다. 그 탓에 장위펑은 몸조리도 채 마치기 전에 부랴부랴 불려와 다시 주석의 수발을 들어야 했다. 장위펑이 낳은 아이가 마오쩌둥의 핏줄이라는 소문이 돌았으나 주치의는 마오의 건강 상태로 보아 불가능하다고 단언했고 중국 공산당도 그 소문을 사실로 인정하지 않았다.

문화대혁명을 시작한 지 어느덧 7년의 시간이 지났다. 당시 국가 주석이던 류사오치(劉少奇)는 많은 괴롭힘을 당한 끝에 사망했고 혁명 초기 중심인물의 하나이던 린바오(林彪)는 마오쩌둥 암살 시도가 실패로 돌아간 뒤 소련으로 망명하는 도중 비행기가 격추

되어 사망했다.

혁명의 향방과 여든 살에 접어든 마오쩌둥의 후계자가 누가 될지를 놓고 중국뿐 아니라 전 세계의 눈과 귀가 쏠렸다. 급진 좌파인 장칭을 포함한 이른바 사인방과 저우언라이 총리와 덩샤오핑(鄧小平) 등 현실 노선 개혁파와의 정쟁이 본격화했다(개혁파는 자본주의 노선으로 선회할 것이 예상되어 '주자파走資派'로 불렸는데, 20세기 말에 이미 중국은 명목뿐인 공산주의로 사실상 자본주의 국가로 변신하고 있었다).

이 정쟁은 무력 투쟁을 동반했고 패자는 목숨이 위태로워졌다. 국가를 이끌어야 할 위치의 마오쩌둥은 언어 장애로 의사소통이 어려웠고 판단력도 약해졌다. 그런데도 정치인들은 마오쩌둥을 엮어 넣으려고 온갖 술수를 부렸고 마오가 자신의 이름을 불렀다며 위세를 과시하기도 했다.

와병 중인 주석의 존재는 오히려 완충장치가 되어 두 세력 모두 결정적인 대립을 잠시나마 피할 수 있었다. 어쨌든 장위펑은 잠시도 떨어지지 않고 마오쩌둥의 곁을 지켰고, 주석의 말을 알아듣고 그의 입을 대신해 정부와 공산당 요인들에게 메시지를 전달했다.

이듬해에 병세는 더욱 급속히 진행되었다. 백내장으로 눈이 침침해졌고 혀가 제대로 돌아가지 않아 발음 장애가 심해졌다. 벌어진 입을 다물지 못해 침을 질질 흘렸고 팔다리 근육도 위축되었다.

세 명의 뇌 신경과 전문의가 각각 마오쩌둥을 진찰한 뒤 근위축측삭경화증(Amyotrophic Lateral Sclerosis, ALS. '루게릭병'이라고도 부름)이라는 진단을 내렸다. 이는 현대 의학으로도 치료가 거의 불가능한 난치병에 꼽히는 질병이다.

이 병에 걸리면 뇌가 근육을 움직이는 운동신경 시스템에 문제가 생기며 뇌에서 내보내는 명령이 근육에 제대로 전달되지 않아 온몸이 마비된다. 보행 장애가 생기고 손을 움직일 수조차 없게 된다. 병세가 더 진행하면 말과 호흡에 문제가 생긴다. 또 뭔가를 먹고 마시고 삼키는 동작도 모두 근육의 움직임이 뒷받침되어야 하므로 이러한 동작도 모두 불가능해진다.

정수리 가운데에 살짝 들어간 부위 주변의 대뇌피질에 운동영역이라는 부위가 있다. 이 운동영역의 신경세포가 척수 세포에 지령을 내린다. 그 경로가 척수의 측삭(側索)이라는 부분이다. 그 부분이 변성(옛 용어로는 경화)되어 근위축측삭경화증이라는 병명이 붙여졌다.

근위축이란 글자 그대로 근육이 야위며 위축하는 증상이다. 척수의 운동 세포에 장애가 생기면 근육에 심각한 위축이 발생할 수 있어 근육이 움찔움찔 수축하는 근섬유다발수축(Fasciculation)이라는 증상이 나타나는데 이 증상으로 질환을 의심할 수 있다. 아마 의사들은 이 증상을 보이는 마오쩌둥을 보고 진단을 내렸을 가능성이 크다.

주석의 병을 놓고 '폭탄 돌리기'하는 의사들

근위축측삭경화증은 낯선 병명처럼 병의 원인도 치료법도 명확히 알려지지 않은 부분이 많다. 최고 지도자의 살날이 앞으로 2년 정도밖에 남지 않았다는 통보를 받은 정부 요인들은 다양한 반응을 보였다.

"지긋지긋하게 복잡한 검사를 해대더니 고작 이런 결과인가? 머리를 굴려서 그럴듯한 대책을 내놓아봐라."

주석의 경호대 격인 경비 최고 책임자인 중앙변공청(中央弁公庁)의 왕둥싱(汪東興)은 애꿎은 의사들을 다그쳤다. 그러나 머리를 싸매고 고민한다고 답을 찾을 수 있는 병이 아니다. 병이라는 자연현상은 하늘을 나는 새도 떨어뜨릴 수 있는 무소불위의 정치권력으로도 어찌 할 수 없는 법이다.

인민해방군의 육군 원수였던 예젠빙(葉劍英)은 그나마 의사의 설명을 냉정하게 받아들이며 대응책을 마련해보려고 고심했다.

"의료 기동반을 꾸려서 중국 전역에서 같은 병을 앓는 환자를 모아 치료하며 가장 효과적인 방법을 주석에게 처방해보면 어떨까?"

하지만 이 역시 효과를 장담하기는 어려웠다. 왜냐하면 근위축측삭경화증은 10만 명당 5명 정도 걸리는 병으로, 중국 전역을 이잡듯 뒤지면 같은 병을 앓는 환자를 어느 정도 모을 수는 있겠지만 정작 정확히 진단을 내리고 치료할 수 있는 의사가 없었기 때문이다. 게다가 절대적인 시간도 턱없이 부족했다.

전립선암으로 투병 중이던 저우언라이 총리는 뉴욕 주재 국제연합 대표부에 치료법 수집을 지시했는데 답변을 듣고 몹시 실망했다. 미국과 일본에서도 이미 오랫동안 이 병의 치료법을 연구하고 환자를 대상으로 시험해왔으나 효과적인 치료법이 없다는 보고가 올라왔기 때문이다.

의사단 내부에서는 병을 치료하지 못하면 그 책임을 물어 모가지를 날릴 게 뻔하니 다 같이 사퇴하고 새로운 의사단에게 넘기자는 의견도 나왔다. 쉽게 말해 '폭탄 돌리기'를 하자는 제안이었다.

그 사이 마오쩌둥의 병세는 더욱 급속히 진행되어 음식물을 삼키기 힘들 정도로 상태가 나빠져 코에 튜브를 끼워 영양분을 공급해야 한다는 의견이 나왔다. 그런데 마오가 이 방법을 한사코 거부했다. 할 수 없이 침대에 누워 장위펑이 떠먹여주는 미음을 받아먹으며 가까스로 연명했다. 마오는 모든 생활을 장위펑에게 의존했고 장위펑은 마오의 목숨 줄이 되었다. 이듬해에 장위펑은 주석의 수발을 드는 생활비서에서 각료급 기밀비서로 임명되었다. 직급명 그대로 주석의 기밀사항을 처리하고 금고와 문서를 관리하는 업무였다. 그리고 주석은 오로지 장위펑을 통해서만 자신의 의사를 다른 사람에게 전달할 수 있었다.

장위펑은 왜 마오의 질병 치료법에
그토록 집착하며 의사들에게 영향력을
행사하려 했을까?

이 병은 혀와 목 근육이 마비되어 혀가 잘 돌아가지 않게 되고 말을 할 수 없게 되어도 두뇌 기능은 대체로 멀쩡하다. 2018년 3월에 세상을 떠난 영국의 천재 물리학자 스티븐 호킹(Stephen William Hawking, 1942~2018) 박사는 젊은 시절 이 병을 진단받았다.

"나는 행운아다. 뇌는 근육이 아니니 말이다."

그토록 가혹한 운명에 맞닥뜨리고서도 그는 이렇듯 재치 있는 입담과 여유로 대처하며 역경을 헤쳐 나갔고 쉼 없이 연구에 몰두하여 위대한 업적을 남겼다.

요즘에는 컴퓨터 기술을 활용한 의사 전달 장치가 발달해 호킹 박사는 학문 연구와 저술 활동에 매진할 수 있었으나 마오쩌둥의 시대에는 그런 장치가 없었다. 오랫동안 환자를 돌보며 환자에 대해 속속들이 알게 된 간병인이 환자의 입과 눈의 미세한 움직임, 표정으로 의사를 파악하는 식이었다.

노동자 가정에서 태어나 자란 장위펑은 정치적 야심이 거의 없었다. 그런 터라 그가 영향력을 행사하고자 했던 분야는 정치가 아닌 마오쩌둥의 치료법에 관한 것이었다. 장위펑은 전문 지식이 없었음에도 어디선가 주워들은 풍문에 의지해 포도당 수액으로 치료할 수 있다며 고집을 부렸다. 그와의 마찰을 꺼린 의사들은 마지못해 찬성해주곤 했다. 홀로 반대한 리즈수이는 당시의 어이없는 상황에 대한 심경을 회고록에 적었다. 장위펑은 의사들이란 작자들이 아무짝에도 소용없다며 치료를 하지 못하게 했고, 그 탓에 의료진은 간호사에게 전해들은 정보와 소변 등으로 마오의 병의 상태를 추정할 수밖에 없었다.

근위축측삭경화증처럼 원인도 치료법도 알려지지 않은 난치병 환자를 진료하는 의사는 자신의 의학적 지식과 경험이 환자에게 아무런 도움도 되지 않는 상황에 충격을 받고 넋이 나갈 때가 더러 있다. 무서운 속도로 치고 나가는 병 앞에서 치료와 처치도 무력해진다. 하물며 그 시절 세계와 담을 쌓고 만리장성 안에 고립돼 있던 중국에서는 병의 정체와 향후 진행 상황을 예상하고 적절히 대처하는 데 필요한 정보가 대부분 차단되었을 것이다. 환자 자신과 가족들도, 측근들도, 그리고 의료진도 답답함과 절망감에 속이 타들어갈 수밖에 없었다. 나는 장위펑을 무턱대고 비난할 생각은 없다.

어쨌든 그 무렵부터 마오쩌둥과 장위펑이 티격태격 다투는 모습이 자주 목격되었다. 마오가 건강한 시절에는 여색을 즐겨 지저분한 얘기가 오가고 여자 문제로 옥신각신 다투기도 했으나, 이 시기에는 와병 중인 마오를 돌보는 과정에 생긴 갈등으로 주로 말다툼을 벌였다. 장위펑은 주치의에게 주석의 몸에서 나는 냄새를 어떻게 좀 해달라며 대변과 소변을 받아내는 일의 고충을 토로하기도 했다.

측천무후를 능가하는 '붉은 여제'를 꿈꾸었던 마오쩌둥의 조강지처 장칭

마오쩌둥은 중난하이의 저택에 칩거하며 투병했고 외부 세계에서는 그의 건강 상태와 무관하게 피 튀기는 정쟁이 날마다 벌어졌다. 요인들은 자주 마오쩌둥을 방문해 지지를 호소했다. 그러나 마오는 어느 한쪽에 힘을 실어주지 않았다. 어느 날은 덩샤오핑을 비롯한 개혁파를 지지하는 듯한 발언을 했다가 곧바로 손바닥 뒤집듯 태도를 바꾸어 장칭 등의 급진파 사인방에게 힘을 실어주는 발언을 했다. 마오쩌둥은 장위펑을 통해 의사를 전달했는데 불안정하고 혼란한 정국에서 그의 한마디는 대세를 단번에 뒤집어놓을 수 있는 결정타가 될 가능성이 컸다.

인민해방군 305병원에 입원한 저우언라이 총리가 전립선암으로 사망했다. 1976년 1월의 일로 향년 일흔여덟 살이었다. 그는 한때 마오쩌둥과 대립하기도 했으나 항일전과 국공 내전을 거쳐 중화인민공화국을 건립하고 총리가 되어 줄곧 마오를 충실히 보필한 협력자였다. 개혁파에 가까운 그를 추도하는 집회가 자연발생적으로 톈안먼 광장에서 열렸고 집회는 무력으로 진압되었다. 또 덩샤오핑은 실각하고 추방되었으며 사인방 천하로 분위기가 흘러가는 듯했다.

1976년 5월, 장위펑과 다투던 중 마오쩌둥의 용태가 급변했다. 진료를 거부하던 장위펑을 밀어내고 의사가 진찰한 결과 심근경색으로 밝혀졌고 곧바로 치료가 시작되었다. 5월 말, 마오의 상태가 악화했다. 이번에도 의사가 반강제로 밀고 들어가 진찰한 결과 저혈당이라는 진단이 나왔다. 장위펑이 먹여주는 미음만으로는 충분한 영양을 공급받지 못해 혈당이 떨어졌다. 마오가 한사코 거부했으나 반강제로 코에 튜브를 꽂아 영양을 공급하기 시작했다. 6월에 다시 상태가 나빠졌다. 장위펑은 평소와 다름없는 상태라고 주장했지만 심전도는 새로운 심근경색을 보여주었다.

마오쩌둥 말년에 그를 돌본 기밀비서는 치료를 방해하는 치명적인 걸림돌이 되었다. 그렇지 않아도 주석의 건강은 중대한 정치 문제로 자칫하면 정쟁의 소용돌이로 끌려 들어갈 수 있는 아슬아슬한 상황에서 오랫동안 그의 건강을 관리해온 주치의라고 해도 섣불리 손댈 수는 없었다. 게다가 무엇보다 마오쩌둥 자신이 장위펑을 원했다.

주석의 치료 방침을 정하기 위해 회의가 열렸다. 현재 상황을 설명하는 주치의 리즈수아에게 장칭이 말했다.

"의사단은 책임을 회피할 목적으로 주석의 병 상태를 과장하고 있다. 의사들은 무엇이든 호들갑을 떨고 야단법석을 부리는 족속이다. 사상 개혁이 이루어져야 한다. 의사들이 하는 말은 차 떼고 포 떼고 삼분의 일로 접고 들어야 한다."

사상 개혁으로 난치병을 치료할 수 있을까? 마오쩌둥의 곁에는 올바른 판단을 내려줄 사람이 없었다. 사인방 중 한 사람인 왕훙원(王洪文)은 심근경색을 일으킨 마오에게 주석을 위해 준비한 약이라며 진주 분말을 보냈다. 급진파 인사들은 냉철하고 객관적인 사고와 판단이 불가능한 족속이었다.

그 무렵 마오쩌둥의 뒤를 이어 서열 2위로 올라선 화궈펑(華國鋒)은 의사의 설명을 차분히 듣고 이해한 다음 대응을 해나가기 시작했다. 9월에 접어들어 마오쩌둥의 용태는 더욱 악화했고 장칭이 그의 몸을 억지로 움직여 자세를 바꾸어준 직후 호흡이 정지했다. 즉시 인공호흡기를 부착했으나 며칠 후 그는 세상을 떠났다. 1976년 9월 9일의 일로 향년 여든두 살이었다.

중화인민공화국은 주석 마오쩌둥의 죽음을 계기로 권력 투쟁이 격화했다.

"주석이 서거하시면 내가 짐이 된다."

마오쩌둥이 사망하기 며칠 전부터 장칭은 노골적으로 야심을 드러냈다. '짐(朕)'이란 황제가 자신을 가리키는 일인칭 대명사다. 장칭은 중화인민 제국의 붉은 여제가 되고 싶었던 모양이다. 그는 방을 수색하고 장위펑에게 기밀문서를 제출하라고 명령했다. 마오쩌둥의 금고 비밀번호는 마오 자신과 장위펑 외에는 아무도 알 수 없었기에 장칭은 그를 엮어 넣어 자기편으로 끌어들이려고 필사적으로 노력했다. 그러나 장위펑은 장칭에게 끝내 문서와 비밀번호를 알려주지 않았을 뿐 아니라 오히려 화궈펑과 당 중앙의 반대파에게 넘겨주었다.

사인방이 주도한 쿠데타 미수 사건이 터졌고, 그 주동자로 장칭이 체포되어 문화대혁명의 혼란은 수습되었다. 1976년 10월 4일의 일이다.

수정관 안의 마른 인형 같은 얼굴의 마오쩌둥

2000년 가을, 나는 베이징 톈안먼 광장에 있는 마오쩌둥 주석 기념당을 찾았다. 마오의 신임을 받았던 화궈펑이 주석이 되어 최초로 지은 건물이다. 수많은 참배객이 긴 줄을 서서 수정, 즉 석영으로 널을 짜서 만든 관 안에 잠든 마오의 유해를 참관했다.

조금이나마 근위축측삭경화증의 흔적이 남아 있지 않을까 싶어 눈에 힘을 주고 살폈으나 그의 유해에는 중국 국기인 오성 홍기가 덮여 있어 선명하게 남아 있을 손 근육 위축을 확인할 수 없었다.

얼굴은 후덕하고 당당한 생전의 인상 그대로라 긴 투병 생활 끝에 야윈 흔적은 찾아볼 수 없었다. 유해 보존 기술 탓일 수도 있겠으나 한때 살아 있던 사람의 유해라기보다는 처음부터 생명이 깃들어 있지 않은 무기물질, 일테면 마른 인형 같은 얼굴이었다. 나 말고도 비슷하게 생각하는 사람이 많은지 쉬쉬하면서도 '시신이 가짜다'라거나 '알고 보니 밀랍인형이다'라는 식의 불경스러운 소문도 은밀히 나돌았다나 어쨌다나.

10.

최고 지도자 브레즈네프의 지능을 저하시켜 소련 붕괴의 방아쇠를 당긴 질병

— 혈관치매

잘나가던 소련이 붕괴하기 시작한 배경에
'최고 지도자의 지적 능력 저하'라는
은밀한 요인이 숨어 있다고?

소비에트 연방 사회주의 공화국(Union of Soviet Socialist Republics. 이후 '소련'으로 표기)은 1917년 러시아혁명으로 세워진 국가다. 소련은 영국·미국 등과 함께 연합국의 일원으로 참전해 독일·이탈리아·일본 등 추축국을 상대로 벌인 제2차 세계대전에서 승리하고 전후에는 동유럽 국가들과 중국, 북한 등을 자기 진영으로 끌어들여 미국과 서유럽 국가들, 일본 등과 첨예한 대립각을 세웠다. 이렇게 시작된 시기를 우리는 '동서 냉전 시대'라고 부른다.

소련은 핵실험을 거듭해 미사일을 개발하고 세계 최초의 인공위성 스푸트니크(Sputnik)호와 유인 우주선 보스토크(Vostok)호를 쏘아 올리면서 막강한 국력과 과학 기술력을 뽐내며 '붉은 제국'이라는 강렬한 이름을 얻었다.

혁명 기념일에는 모스크바의 붉은 광장에서 대규모 열병식이 펼쳐졌고 공산당 지도자들은 엄숙한 표정으로 사열했다. 그러던 소련이 언제부턴가 망조가 들기 시작했다. 급성장하던 경제는 서서히 정체기에 접어들었고 국가 전체적으로 시스템이 붕괴하기 시작했는데, 그 붕괴의 그늘에 최고 지도자의 '지적 능력 저하'라는 무시할 수 없는 중요한 요인이 숨어 있었다. 잘나가던 소련은 최고 지도자의 질병으로 인해 국가 기능이 마치 그의 몸처럼 곳곳에서 마비 증상을 보이기 시작했다.

역대 소련 지도자 중 브레즈네프의 인기가 오늘날까지 가장 높은 까닭은?

레오니트 일리치 브레즈네프(Leonid Ilyich Brezhnev, 재임 1964~1982)는 1906년 평범한 노동자 계급 가정에서 태어났다. 젊은 시절 그는 공산당에 가입해 승승장구하며 출세 길에 올랐다. 1941년 6월, 브레즈네프는 독일군의 러시아 침공 당시 벌어진 전투에서 소련 육군인 붉은 군대의 정치 장교로 참전해 혁혁한 공을 세웠고 단숨에 소장까지 초고속 진급했다. 전후에도 그는 공산당 당원으로서 출세 길에 올랐으며 1950년에는 소련 최고 회의

대의원이 되었다.

브레즈네프는 1953년 스탈린 사후 권력을 잡은 니키타 흐루쇼프(Nikita Khrushchyov, 재임 1953~1964) 제1 서기관의 눈에 들어 1960년대에 정권 이인자인 최고 회의 간부 회의장 자리에 올랐다. 비록 제1 권력자는 여전히 흐루쇼프였으나 당시 브레즈네프는 실질적인 국가 원수나 다름없는 직위로 막강한 권력을 손에 쥔 셈이었다. 한데 그는 이 무렵부터 외유를 즐기기 시작했고 서방 국가들의 고도로 발달한 물질문명을 접하게 되면서 엄청난 고가 의류, 고급 자동차 등 사치품에 빠져들었다.

레오니트 일리치 브레즈네프는 자신의 은인이던 니키타 흐루쇼프 제1 서기관을 실각시키고 소련 공산당 제1 서기관 자리에 올라 명실상부한 최고 권력자가 되었다. 도쿄 올림픽이 한창이던 1964년 10월 무렵으로 그의 나이 쉰여덟 살의 일이다. 이후 브레즈네프는 흐루쇼프가 최고 권력을 손에 넣은 이후 깎아내린 스탈린을 재평가하기 시작했고, 쿠바 미사일 위기 후 팽팽한 긴장을 해소해가던 서방 국가들과의 관계를 원점으로 되돌려 긴장의 고삐를 바짝 틀어쥐었다.

소련은 '인간의 얼굴을 한 사회주의(Socialism with a human face)'라는 기치를 내건 체코슬로바키아의 자유화 노선을 대규모 전차 부대를 동원해 강경 진압했다. 1968년 8월의 일이다. 이 '프라하의 봄(Prague Spring)' 사건을 계기로 철의 장막 너머 동유럽 정치체제에는 서유럽의 간섭을 허용하지 않겠다는 강력한 의지를 담아 '브레즈네프 독트린(Brezhnev Doctrine)'을 천명했다.

이후 1970년에 동서 진영 간 긴장이 고조되었으나 소련을 비롯한 동쪽 진영에서도 시민 생활수준이 차츰 향상되었다. 식량 소비는 두 배로 늘었고 텔레비전 보급률은 90퍼센트, 알코올 소비량은 네 배로 껑충 뛰어올랐다. 브레즈네프는 최고 지도자 직위를 유지했고 사회는 나름대로 안정되었다. 그런 터라 지금도 역대 소련 지도자 중에서는 브레즈네프의 인기가 가장 높다. '그의 시대가 가장 좋았다'라며 그 시절을 그리워하는 노인들이 러시아에는 많다.

브레즈네프는 차례차례 국내외의 최고 훈장을 자기 자신에게 수여했고 그에 걸맞은 복장을 갖춰 입고 외국의 최고급 차량을 여러 대 구매해 타고 다녔다. 아니, '장만'했다기보다는 속된말로 '삥을 뜯었다'고 해야 할까. 쉽게 말해 최고급 외제 차량을 선물로 보내라고 압박해 받아낸 뒤 자신이 직접 운전해 호화 별장을 돌아다니며 사치스러운 생활을 즐겼다. 그 무렵 소련에 나돌던 우스갯소리가 있다.

"브레즈네프 동무가 가슴 수술을 받았다네."

"심장인가? 아니면 폐인가? 심각한 병이라던가?"

"아니, 그런 게 아니라 훈장을 더 달 공간이 없어서 가슴팍을 넓히는 수술을 받았다네."

미국 방문 시 브레즈네프의
막무가내식 고집을 꺾은
헨리 키신저 외무장관의 촌철살인 한마디

브레즈네프는 비만형 체형에 지병인 당뇨가 있었다. 그럼에도 불구하고 그는 엄청난 골초였으며, 거의 날마다 말술을 들이키는 애주가였다. 그 후유증인지 그는 불면증이 심해 수면제를 달고 살아야 했다. 그중 한 가지만으로도 건강에 좋을 리 없는 나쁜 습관인데 당뇨에 담배, 술까지 입에 달고 살았으니 몸이 쇳덩이인들 견뎌낼 재간이 없다. 실제로 1973년 무렵부터 브레즈네프의 지적 기능이 현저히 저하되는 증상을 보였다는 증언이 남아 있다.

1973년 브레즈네프가 미국을 방문했을 때의 일이다. 닉슨 대통령이 그에게 고급 자동차 링컨을 선물했다. 자동차광이던 브레즈네프는 당장 그 차를 몰고 워싱턴 대로를 질주하고 싶었다. 그 욕구가 너무도 강해 소련으로 돌아갈 때까지 참기 어려울 정도였다. 요인 경호를 담당하는 비밀경호국이 강력히 만류했으나 변장하면 아무도 자신의 정체를 모르고 평범한 미국인으로 생각할 거라며 막무가내식으로 억지를 부렸다. 그의 말도 안 되는 고집을 꺾은 것은 헨리 키신저(Henry Alfred Kissinger) 국무장관의 촌철살인 한마디였다.

도쿄 올림픽이 한창이던 1964년 10월, 브레즈네프는 자신의 은인이던 흐루쇼프 제1 서기관을 실각시키고 소련 공산당 제1 서기관 자리에 올라 명실상부한 최고 권력자가 되었다. 그의 나이 쉰여덟 살의 일이다.

이후 브레즈네프는 흐루쇼프가 깎아내린 스탈린을 재평가했고 쿠바 미사일 위기 후 팽팽한 긴장을 해소해가던 서방 국가들과의 관계를 원점으로 되돌려 긴장의 고삐를 바짝 틀어쥐었다.

СТАЛИНСКОЕ ПЛЕМЯ

Орган Центрального Комитета ЛКСМ Украины

14 МАРТА 1953 г.

ДА ЗДРАВСТВУЕТ ВЕЛИКОЕ, ВСЕПОБЕЖДАЮЩЕЕ УЧЕНИЕ МАРКСА – ЭНГЕЛЬСА – ЛЕНИНА – СТАЛИНА!

Всепобеждающая сила марксизма-ленинизма

За честь заводской марки

ПРАВИТЕЛЬСТВЕННОЕ СООБЩЕНИЕ о болезни президента Чехословацкой Республики Клемента Готвальда

БЮЛЛЕТЕНЬ

БЮЛЛЕТЕНЬ

VII СЕССИЯ ГЕНЕРАЛЬНОЙ АССАМБЛЕИ ООН

ЧЕХОСЛОВАКИЯ

"제가 예전에 브레즈네프 서기장님이 운전하는 차에 탄 적이 있는데, 평범한 미국인처럼 운전하지 않더군요."

위의 일화로도 알 수 있듯 브레즈네프의 언행은 그의 지위에 맞지 않았다. 그는 자제심이 없었고(의학 용어로 '탈억제'), 근거 없는 병적 행복감에 젖는 이상행복감(Euphoria) 증상을 보였다. 아마도 전두엽에 치명적인 문제가 있었을 것이다.

예순아홉 살의 브레즈네프는 급성 심근경색을 일으켰다. 그해 레닌 훈장 수여식 공개 석상에서 그는 불안한 걸음걸이를 보였으며 혀가 잘 돌아가지 않고 말이 꼬이는 증상을 보였다. 그 무렵 미국의 정보기관은 브레즈네프의 건강 상태를 조사해 그가 오랜 흡연으로 폐기종, 방만한 식생활로 통풍과 백혈병, 동맥경화를 앓고 있음을 파악했다. 게다가 엎친 데 덮친 격으로 그는 심각한 부정맥으로 인해 심장 박동 조율기(Pacemaker)를 이식하는 수술도 받아야 했다.

폐기종에 걸리면 몸에 산소 공급이 원활히 이루어지지 않게 되며, 동맥경화는 혈액 순환을 방해해 뇌경색과 뇌출혈 등의 원인이 될 수 있다. 이는 뇌 신경세포 건강에도 바람직하지 못한 상태다. 또 부정맥은 심장에 혈전을 생성하고 혈전이 쌓이면 뇌경색을 일으킬 수 있다. 나중에 알려진 일이지만 브레즈네프는 그 후로도 몇 번이나 뇌혈관 이상 관련 증상이 나타났고 사망 직전 상태에서 겨우 깨어난 적도 있다.

"자네가 불러주게.

불러주는 대로 받아 쓸 테니"

훗날 러시아 공화국 대통령이 되는 보리스 옐친(Boris Nikolayevich Yeltsin, 재임 1991~1999)은 당시 지사직을 맡고 있던 스베르들롭스크주의 지하철 건설로 브레즈네프를 찾았을 당시의 상황을 회고록에 남겼다.

> 당시 브레즈네프의 업무 행태를 알고 있던 나는 그의 이름으로 결재할 때 사용하는 짧은 문장을 준비해 두었다. (중략) 그런데 그는 스스로 결재조차 하지 못했다. "자네가 불러주게. 불러주는 대로 받아 쓸 테니"라고 말했다. 그래서 내가 뭐라고 써야 할지 일일이 불러주었다. "스베르들롭스크주 지하철 건설에 관해 정치국에 통지하고 결의안을 작성한다"라고 불러주자 브레즈네프는 그대로 받아쓰고 서명하더니 그 문서를 나에게 건넸다. 만년의 브레즈네프는 자신이 무엇을 하고, 무엇에 서명하고, 무슨 말을 하는지 거의 알지 못했다.

이어지는 문장에서 옐친은 브레즈네프가 이미 분별력과 판단력을 상실했다고 증언했다. 브레즈네프는 자신을 둘러싼 모사꾼, 거짓말쟁이, 사기꾼들이 그저 시키는 대로 움직이는 꼭두각시에 지나지 않았다.

일부 세력에게 부와 권력을 쥐여주고 다수의 민중에게 불행과 고통을 안겨주는 문서에 브레즈네프는 그저 시키는 대로 태연하게 그 의미도 따져보지 않고 서명했다. 상상만 해도 끔찍하다!

옐친은 회고록에서 당시 상황을 이렇게 전했다.

브레즈네프의 사망 전 몇 년간 소련의 최고 결정권자는 그의 간호사였다?

모스크바에서 올림픽이 개최되었다. 1980년 7월의 일이다. 그로부터 반년 전 소련군의 아프가니스탄 침공에 반발하는 미국을 비롯한 서방측 국가와 일본이 불참한 반쪽짜리 대회였다. 그 개회식을 두고 당시 나돌던 농담이 있다.

"브레즈네프 서기장이 올림픽 개최 선언을 시작했다. 그는 큰 소리로 '오―'라고 말한 다음 잠시 뜸을 들였다가 다시 '오―'라고 외치더니 다섯 번을 반복했다. 당황한 측근이 서기장의 귀에 속삭였다. '브레즈네프 동무, 원고 위에 인쇄된 동그라미 다섯 개는 알파벳 오(O)가 아니라 오륜기입니다'라고."

이런 우스갯소리가 저잣거리에 회자될 정도라면 국가 최고 지도자의 불안한 정신 상태는 국민 누구나 아는 사실이 아니었을까?

브레즈네프는 마지막 몇 년 동안 '죽은 사람이나 다름없는 상태'로 지내면서도 사직하지 않고 최고 지도자 자리를 고수했다. 한데 당시 '소련의 최고 결정권자는 니나라는 이름의 전속 간호사'라는 말이 서방측에서 공공연히 나돌았다. 애물단지에 뒷방 늙은이 신세가 된 그를 폐쇄 병동이든 자신의 집이든 외부와 연락할 수 없는 곳에 가두어 두어야 한다는 음모도 있었다.

1982년 5월, 브레즈네프의 두뇌에 뇌졸중이 재발했다. 혁명 기념일에 붉은 광장에서 열린 열병식을 일흔여섯 살의 브레즈네프는 측근들과 함께 레닌 묘 위에서 관람했다. 그해 11월 7일의 일이다. 그리고 사흘 후 심장 발작을 일으켜 그는 다시 돌아올 수 없는 곳으로 떠났다.

사후 부검으로 복부 대동맥류, 심근경색 진단이 나왔다. 모두 동맥경화 합병증으로 나타날 수 있는 증상이다. 뇌에 관해서는 확실히 알려지지 않았으나 동맥경화와 몇 차례 뇌졸중 등으로 심각한 상태였음을 상상할 수 있다.

브레즈네프의 주치의가 그의 병을 정확히 알고 있었을 것으로 보는 이유

동맥경화가 심해지면 뇌혈관이 좁아지며 혈류가 정

체된다. 뇌 혈액 순환에 문제가 생기면 신경세포가 손상을 입는데, 이때 뇌의 백질이라는 조직도 타격을 받는다. 백질은 떨어진 신경세포를 연결하는 케이블이 다발을 이루어 교차하는 부분으로 혈류가 줄어들면 이 케이블 운행에 문제가 생겨 신경세포 사이의 네트워크가 망가지고 서서히 뇌 기능이 떨어진다. 쉽게 말해 머리에 피가 돌지 않는 상태다. 전문 용어로 '빈스완거 치매(Binswanger's disease)'라고 불리는 병이다.

또 뇌 조직 내에 자잘한 뇌경색이 자주 여러 번 일어날 수도 있다. 뇌경색이 반복적으로 발생하면 치매 증상을 보일 위험성이 높아진다. 흔히 '혈관치매'라고 부르는 상태다.

치매라는 말을 들으면 요즘에는 누구나 알츠하이머 치매부터 떠올리는데, 예전에는 혈관치매가 많았다. 고혈압과 영양 불균형, 심신 스트레스가 많은 생활 등으로 동맥경화 환자가 많았기 때문이다.

다발성 뇌경색으로 나타나는 치매는 기억력은 괜찮은데 간단한 계산조차 어려워하는 등 특정 뇌 기능이 떨어지는 질병이다. 작은 뇌경색이 반복해서 생기면 악화할 수 있으며 단계적으로 진행된다는 견해가 많다. 실제 증상만으로는 알츠하이머 치매와 구분하기 어려워 뇌 MRI나 CT 등의 영상 진단이 필요하다. 브레즈네프 시대에도 CT는 있었기에 주치의는 그의 병을 정확히 알고 있었을 가능성이 있다.

브레즈네프가 치매에 걸릴 수밖에 없었던 몇 가지 직접적 원인은?

치료는 뇌 혈류를 개선하는 방향으로 이루어진다. 뇌의 혈액 순환을 개선해 뇌세포 기능을 유지하고 혈액 응고를 방지한다. 그리고 원인이 되는 동맥경화는 주로 잘못된 생활습관으로 생기는 병이므로 생활습관을 개선하는 노력과 철저한 예방이 중요하다. 뒤에서 살펴볼 항알츠하이머병 약물도 떨어진 인지 기능 유지에는 다소나마 효과가 있다. 생활 관리가 필요한 건 굳이 말할 필요가 없을 정도로 중요하다.

브레즈네프는 엄청난 골초와 애주가에 수면제를 달고 살았다. 담배에 들어 있는 니코틴 성분은 혈관을 수축시키는 작용을 하므로 동맥경화로 좁아진 혈관에 치명적이다. 게다가 만성적 폭음은 뇌 기능을 떨어뜨려 치매로 악화할 가능성이 높다. 그리고 수면제는 신경세포 활동을 방해하는 작용을 한다. 고령자는 약리작용이 끝난 약물을 불활성화(해독)시켜 배뇨하는 간과 신장 기능이 떨어져 있어 해당 약물이 체내에 오랫동안 남아 있다. 전날 복용한 수면제 탓에 다음 날 낮까지 잠기운이 가시지 않아 멍한 상태가 이어지는 것은 그런 맥락에서다.

치매는 알츠하이머 치매와 혈관치매처럼 뇌 조직이 망가져 일어날 수 있을 뿐 아니라 수면제와 같은 약물이나 시차병, 과음, 영양 불량과 저혈당, 비타민 결핍, 갑상샘 기능 저하 등의 호르몬 이상으로도 일어날 수 있다.

또 넘어져서 머리에 타박상을 입으면 종종 생기는 만성 경막하 출혈(Chronic subdural hemorrhage), 정상압수두증 또는 반복적인 두부 타박상으로 인한 펀치드렁크 증후군(Punch drunk syndrome) 등으로도 나타날 수 있다. 이 중에는 치료할 수 있는 치매도 많아 짧은 기간 동안 치매 증상이 나타난 환자는 정확한 진단을 받고 치료를 받는 것이 중요하다.

소비에트 정권의 실권자들은 왜 치매에 걸린
브레즈네프를 '뒷방 늙은이' 취급을 하면서도
후계자를 물색하지 않았을까?

최고 권력자가 치매 등의 질병으로 직무를 수행하지 못하게 되었을 때 어떤 현상이 나타날까? 아마도 그 자리를 차지하려는 사람(들)이 나타나는 것이 일반적일 것이다. 한데 때론 직무를 수행하지 못하는 허수아비 지도자가 차라리 낫다고 여겨지는 상황도 있는 모양이다.

1970년대 소비에트 연방은 서방을 따라잡지 못해도 시민 생활은 그럭저럭 넉넉해졌고 국내의 혼란도 차츰 안정을 찾아갔다.

이런 상황에서 브레즈네프가 갑자기 죽으면 난감해질 사람이 하나둘이 아니었다.

공산당과 정부 요인 등은 노멘클라투라(Nomenklatura)라고 불리는 '붉은 귀족'이 되어 사회주의 국가에는 있을 리 없는 특권계급을 형성했다. 고인 물은 썩는 법, 이 특권계급은 차츰 부패했다. 단순히 뇌물을 받는 데서 그치지 않고 가공의 성과를 만들어내거나 분식회계 등으로 뒷돈을 챙겼고 거액의 돈과 이권이 모두 이 특권계급에 집중되는 구조가 만들어졌다. 범죄자에게서 몰수한 귀중품은 특권계급에 분배되었다.

브레즈네프의 딸 갈리나는 보석이라면 사족을 못 써 다이아몬드 밀수에 관여하고 박물관에서 보물을 빼돌리는 등 그를 둘러싼 잡음이 끊이지 않아 유명해졌다. 그럼에도 브레즈네프 생전에는 공산당이 나서서 그의 허물을 적극적으로 덮어주었다. 그러나 갈리나는 아버지 브레즈네프가 사망하고 다음 서기장이 된 유리 안드로포프(Yuri Vladimirovich Andropov, 재임 1982~1984)가 그의 비위를 폭로하며 궁지에 몰렸다.

소비에트 정권의 간부들도 치매에 걸린 브레즈네프를 뒷방 늙은이로 치부하며 내버려 두었다. 그러면서도 그들은 정상적인 후계자를 물색하지 않았다. 집단 지도체제로 국가를 운영했으나 책임 소재가 불분명해져 느슨한 정체 상태가 이어졌다. 젊은 지도자가 나와 섣불리 개혁에 착수했다가 사회 혼란이 가중될까 두려웠던 공산당 간부들은 변화를 거부했다.

외교 면에서도 쉴 새 없이 자충수가 이어졌다. 1979년 말에 벌어진 아프가니스탄 침공이 그중에서도 가장 대표적 사례인데, 충분한 필연성 없이 충동적으로 작전이 진행되는 바람에 진흙탕 싸움이 되어버린 데다 서방 국가들이 대부분 불참하면서 모스크바 올림픽은 공산주의 진영만의 반쪽짜리 축제로 전락했다. 여기에 더해 엎친 데 덮친 격으로 폴란드 등의 동유럽 국가들도 서서히 자유화의 움직임을 보이기 시작했다.

브레즈네프 이후 유리 안드로포프, 콘스탄틴 체르넨코(Konstantin Ustinovich Chernenko, 재임 1984~1985)가 뒤를 이어 서기장이 되었으나 이미 고령인 데다 둘 다 지병을 앓고 있어 정권의 수명은 짧을 수밖에 없었다. 그리고 마침내 미하일 고르바초프(Mikhail Sergeyevich Gorbachev, 재임 1985~1991)가 서기장 자리에 올라 페레스트로이카(Perestroika, 개혁)를 주창하며 국가 개조에 나섬으로써 브레즈네프 시대의 최고 간부들이 두려워하던 일이 벌어졌다. 1985년 이후의 일이다. 소비에트 연방의 통제가 느슨해지자 사회는 한층 더 혼란스러워졌다.

동서 냉전은 종식되었으나 소비에트 연방은 붕괴했다. 나는 냉전 시대에 젊은 시절을 보냈다. 당시만 해도 철의 장막으로 둘러싸인 거대한 '붉은 제국'이 사라지는 날이 오리라고는 상상조차 하지 못했다.

03

BRAIN

넘사벽 천재와 최고의 대가도 무릎 꿇게 한 끔찍한 질병

11.

위대한 권투선수 무하마드 알리를 마지막까지 괴롭힌 적수

— 펀치드렁크 증후군

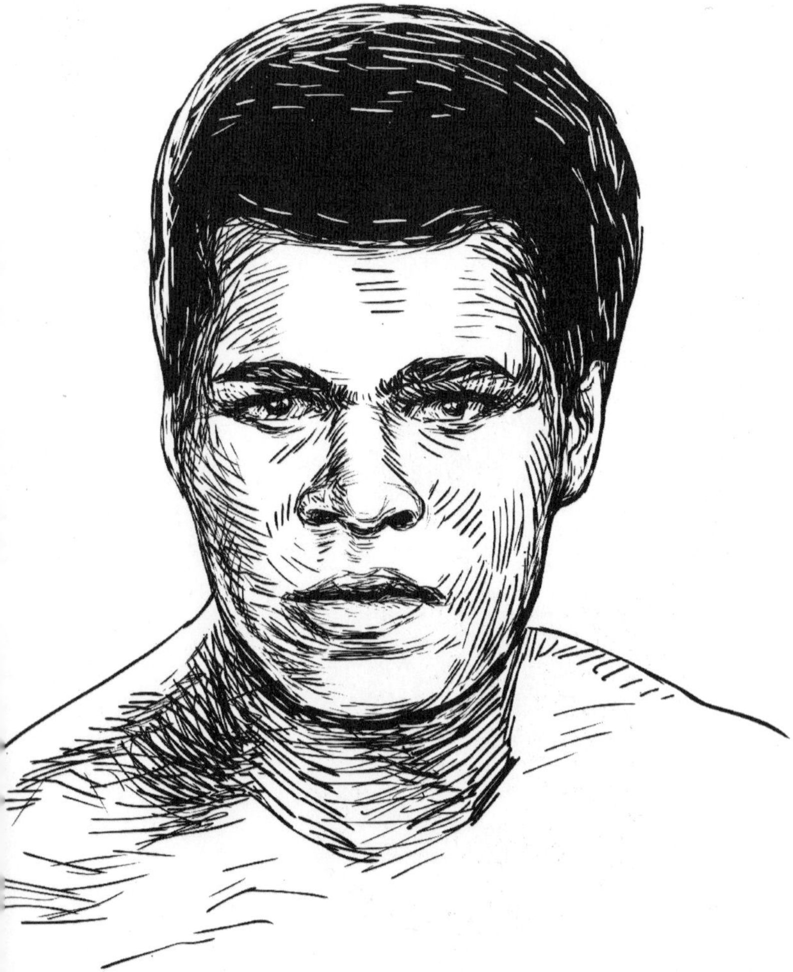

위대한 권투선수 무하마드 알리가 마지막으로 싸운 무서운 상대는?

1960~1970년대 미국은 베트남전쟁에 반대하는 반전 운동으로 뜨겁게 달아올랐다. 이런 분위기에서 헤비급 복서 무하마드 알리(Muhammad Ali, 1942~2016)는 징병을 거부했다. 그 탓에 그는 챔피언 타이틀을 박탈당한 채 링 위에 오르지 못하게 되었다. 그러나 그의 반전 정신은 인권운동가이자 가수인 존 바에즈(Joan Baez) 등과 함께 분노한 젊은이들에게 폭넓은 공감대를 형성했다. 그는 우여곡절 끝에 가까스로 복귀전을 치르고 타이틀을 되찾았으나 머지않아 링 위에서 사라졌다.

1996년 7월, 미국 남부 조지아주 애틀랜타에서 올림픽이 개최되었다. 개회식 하이라이트는 현지 시각으로 한밤중에 열린 성화 점화식이었다. 몇 개로 나뉘어 미국 각주를 돌며 전달된 성화가 하나로 합쳐져서 성화대 발치에 도착했다.

캄캄한 어둠을 뚫고 힘차게 앞으로 나아가던 불꽃이 여성 주자에게서 마지막 남성 주자에게 전달되는 순간이었다. 갑자기 서치라이트가 켜지며 누군가가 떨리는 손으로 성화에 불을 붙였다. 가면처럼 무표정한 얼굴이었으나 대중의 눈에 익은 인물이었다. 전 세계인이 눈을 크게 뜨고 텔레비전 중계 화면에 집중하는 가운데 그가 뻣뻣한 동작으로 불을 붙였다. 불은 단숨에 50미터 길이의 도화선을 타고 내달리더니 잠시 후 성화대 위에 새빨간 불꽃이 넘실대기 시작했다.

그날 밤의 그 영웅은 누구였을까? 여러분도 짐작하셨다시피 그는 바로 위대한 권투선수 무하마드 알리였다. 주먹 하나로 전 세계를 들었다 놨다 하며 열광의 도가니로 몰아넣었던 챔피언 무하마드 알리가 마지막으로 싸운 상대는 안타깝게도 상대 권투선수가 아닌 무서운 질병이었다. 그를 죽음의 순간까지 괴롭힌 질병의 실체는 과연 무엇이었을까?

캐시어스 클레이는 왜 어렵게 딴 올림픽 금메달을 오하이오강에 던져버렸을까?

캐시어스 마셀러스 클레이 주니어(Cassius Marcellus Clay, Jr., 무하마드 알리의 본명)는 1942년 1월 켄터키주 루이빌의 아프리카 계 미국인 가정에서 태어나 소년 시절 권투를 시작했다. 당시부터 그는 주위 사람들을 깜짝 놀라게 할 정도로 뛰어난 실력을 발휘했는데, 아마추어로는 적어도 미국 안에서는 적수가 없을 정도였다. 클레이는 열여덟 살 되던 1960년 로마 올림픽에 라이트 헤비급 선수로 출전하여 금메달을 땄다.

캐시어스 클레이는 승리의 환희와 여운을 가슴에 품은 채 고향으로 돌아와 어느 레스토랑에 들어가려고 했다. 한데 그 자리에서 그는 단지 흑인이라는 이유로 출입을 거부당했다. 이에 분노한 클레이는 거세게 항의한 뒤 어렵게 딴 금메달을 오하이오강에 던져버렸다. 그때까지 당한 온갖 차별과 불공정한 대우에 대한 분노의 표시인 셈이었다.

그 당시 미국에서는 인종 차별이 공공연히 이루어졌다. 레스토랑뿐 아니라 학교 같은 공공시설이나 버스 등의 대중교통에서도 노골적으로 백인과 흑인을 차별했다. 캐시어스 클레이가 인종 간 평등을 주장하는 공민권 운동에 본격적으로 참여하기 시작한 것은 그 무렵부터다.

1964년, 캐시어스 클레이는 프로 권투선수로 전향한 뒤 "나비처럼 날아 벌처럼 쏜다(Float like a butterfly, and sting like a bee)"라는 유명한 말처럼 가벼운 풋워크와 날카로운 펀치로 헤비급 세계 챔피언 벨트를 차지했다. 그는 굵고 묵직한 한 방을 날리는 자신의 펀치를 닮은 독설로도 유명했고 링 위에서도 도발적인 말로 자주 상대를 자극했다.

이후에도 캐시어스 클레이는 연전연승을 이어가더니 명실상부한 세계 최정상 권투선수의 자리에 우뚝 섰다. 그가 기독교식 이름을 버리고 이슬람식 이름인 무하마드 알리로 개명한 것은 그 무렵의 일이다. 미쳐 돌아가기 시작한 베트남전쟁 징병을 거부한 대가로 챔피언 타이틀을 박탈당하고 링에서 추방된 때도 그 즈음이다. 말하자면 그것은 대중의 영웅으로 우뚝 선 한 흑인의 반전운동에 대한 가혹한 보복이자 사회적 린치였다.

반전운동과 지난한 법정 투쟁으로 5년여 시간이 지났고, 무하마드 알리는 천신만고 끝에 다시 링에 설 수 있었다. 1970년의 일이다. 이듬해 알리가 사라진 이 바닥에서 챔피언 타이틀을 거머쥔 조 프레이저(Joe Frazier)에게 타이틀 탈환을 목표로 도전했으나 판정승으로 아깝게 패배했다. 프로로 전향한 후 그가 겪은 최초의 쓰라린 패배였다.

1974년 10월, 아프리카 자이르(현재의 콩고민주공화국)의 킨샤사에서 모부투 세세 세코(Mobutu Sese Seko, 재임 1965~1997) 대통령이 관전하는 경기에서 무하마드 알리는 흑인 간 타이틀 매치를 치렀다. 알리는 조 프레이저에게 타이틀을 빼앗아 새로운 챔피언이 된 후 조지 포먼(George Edward Foreman)을 링 위에 눕히며 헤비급 세계 챔피언 벨트를 되찾았다.

챔피언 벨트를 되찾은 이후 무하마드 알리는 세계 권투계의 제왕으로 군림했다. 1978년 2월 레온 스핑크스(Leon Spinks)에게 딱 한 번 패했으나 그해 9월 리턴 매치를 벌여 상대를 링 위에 때려눕히며 세 번째로 챔피언 벨트를 차지했다.

그 직후 무하마드 알리는 은퇴를 발표했으나 그것이 완전한 은퇴는 아니었다. 그는 1980년에 복귀해서 당시 챔피언에게 도전했다가 아깝게 패했고, 그 이듬해에도 10라운드 시합을 치르고 판정패한 뒤 영원히 링을 떠났다. 이로써 알리는 프로로 56승(37 케이오 승) 5패, 세계 헤비급 타이틀 통산 19차례 방어라는 위대한 기록을 남겼다.

사담 후세인 이라크 대통령을 만나
인질 해방 문제를 담판 지은 무하마드 알리

무하마드 알리는 서른여섯 살에 세 번째 세계 챔피언이 된 직후 최초로 은퇴했는데, 그 무렵부터 이미 다리가 꼬이는 증상이 나타나기 시작했다. 그리고 서른아홉 살 되던 해에 영구 은퇴한 뒤에는 동작이 눈에 띄게 엉성해지고 손이 떨리며 표정이 없어지는 증상이 나타났다. 알리는 결국 마흔두 살에 파킨슨병 진단을 받았다.

그러나 파킨슨병이라는 무서운 질병도 무하마드 알리의 열정과 노력에 브레이크를 걸 수는 없었다. 그는 파킨슨병 진단을 받은 뒤에도 사회 활동을 멈추지 않았다. 알리는 제대로 움직여지지도 않는 몸을 이끌고 이라크의 수도 바그다드로 날아가 사담 후세인 대통령을 만나 인질 해방 문제에 관해 담판을 지었다. 걸프전 직전 스멀스멀 전쟁의 불안한 기운이 감돌던 1990년 무렵의 일이다.

그해 8월, 이라크는 자국에 머물던 미국과 유럽, 일본인들을 군 기지에 억류하고 공격을 억제하기 위한 목적에서 '인간 방패'로 활용했다. 다행히도 알리의 교섭이 성공한 덕분에 풀려난 미국인이 적지 않았다.

인간 방패 해방 교섭에는 무하마드 알리와 이종 격투기로 세기의 대결을 벌인 적 있는 프로 레슬러 출신 안토니오 이노키(アントニオ 猪木)도 참여하여 일본인 인질 해방에 크게 기여했다. 당시 그는 참의원 신분이었다.

1996년 애틀랜타 올림픽 당시 무하마드 알리의 나이는 쉰다섯 살이었다. 그는 성화를 밝히는 자신의 모습이 병마에 시달리는 사람들에게 힘이 된다면 대중 앞에 당당히 모습을 드러낼 수 있다고 소신을 밝혔다. 텔레비전에 비친 그의 모습은 누가 봐도 파킨슨병 증상을 보이는 중증 환자의 모습이었다.

무하마드 알리는 결국 패혈성 쇼크로 사망했다. 2016년, 향년 일흔네 살의 일이다.

무하마드 알리를 오랫동안 괴롭힌 질병,
펀치드렁크 증후군으로 인한 파킨슨증

무하마드 알리를 오랫동안 괴롭힌 질병은 펀치드렁크 증후군(권투 후유증)으로 인한 파킨슨증으로 추정된다. 수시로 뇌에 강한 충격이 가해져 일어나는 뇌 관련 장애다.

파킨슨증은 파킨슨병 증상으로 펀치드렁크 증후군에서는 앞에서 살펴본 파킨슨병과 밀접한 관계가 있는 흑질 신경세포가 소실된다. 그러나 뇌 현미경 소견에서는 파킨슨병 특유의 레비소체는 발견되지 않아 다른 병으로 여겨지고 있으나 기본적으로는 파킨슨병 치료를 시행한다.

파킨슨병이든 파킨슨증이든 무엇보다 '머리'를 조심해야 한다. 뇌가 혹사당하지 않도록 노력해야 하고, 되도록 스트레스를 받지 않도록 해야 하며, 정신 건강에도 특별히 신경을 써야 한다. 물리적으로도 뇌에 충격을 받지 않도록 조심하고 또 조심해야 한다.

머리에 충격을 받는 일, 즉 '두부 외상'에는 여러 가지 유형이 있다. 크게 나누어 충격을 받고 쓰러진 뒤 바로 일어나는 급성 두개내혈종과 뇌타박상, 뇌진탕이 있고 몇 주에 걸쳐 서서히 증상이 나타나는 만성 경막하혈종이 있다. 또 알리처럼 뇌세포 수준에서 장애가 생기는 상황은 쉽게 판별할 수 있다.

하나하나의 신경세포는 각각 몇백 혹은 몇천 개의 다른 신경세

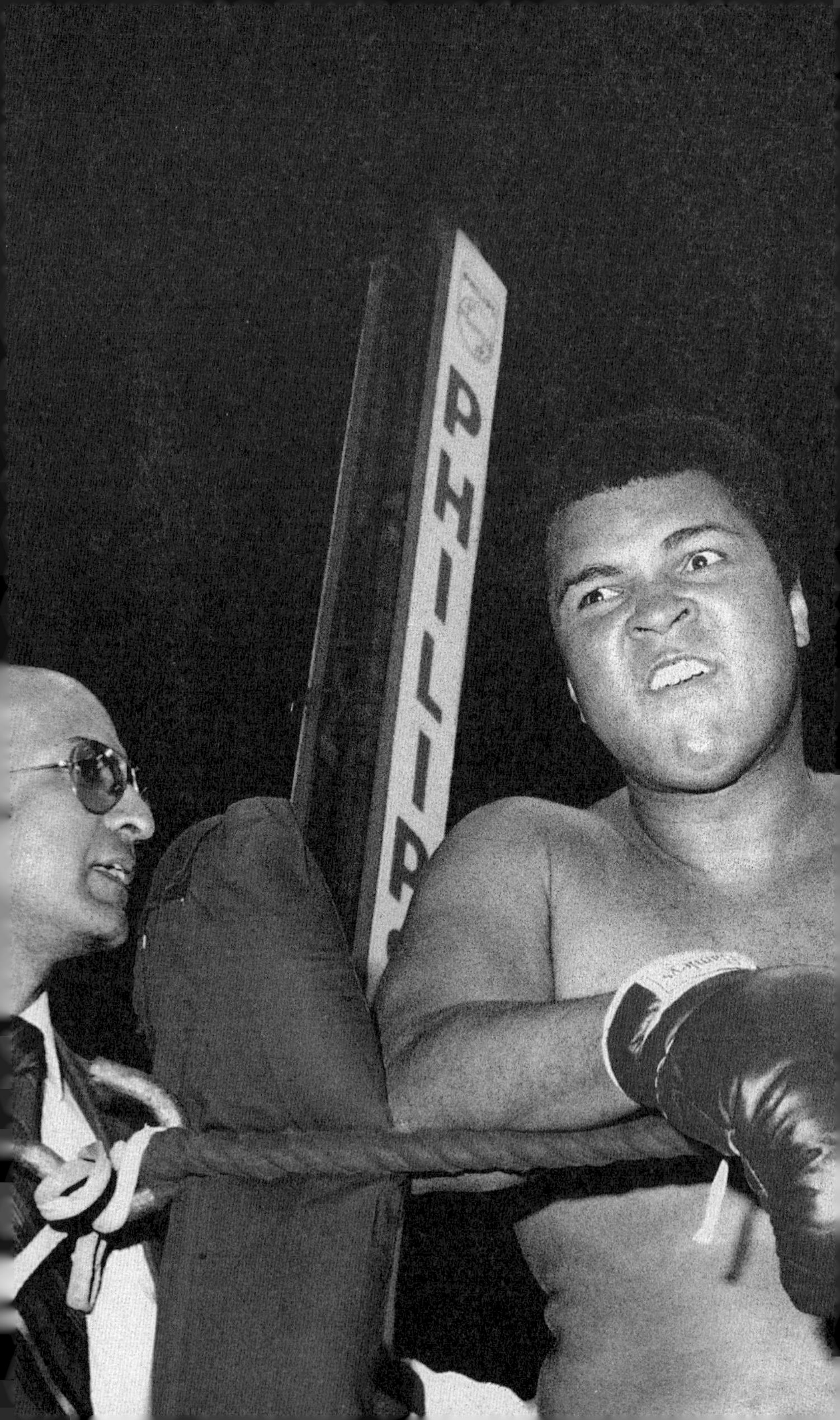

무하마드 알리는 서른여섯 살에 세 번째 세계 챔피언이 된 직후 최초로 은퇴했는데, 그 무렵 이미 다리가 꼬이는 증상이 나타났다. 그리고 서른아홉 살 되던 해에 영구 은퇴한 뒤에는 동작이 엉성해지고 손이 떨리며 표정이 없어지는 증상이 나타났다. 알리는 결국 마흔두 살에 파킨슨병 진단을 받았다.

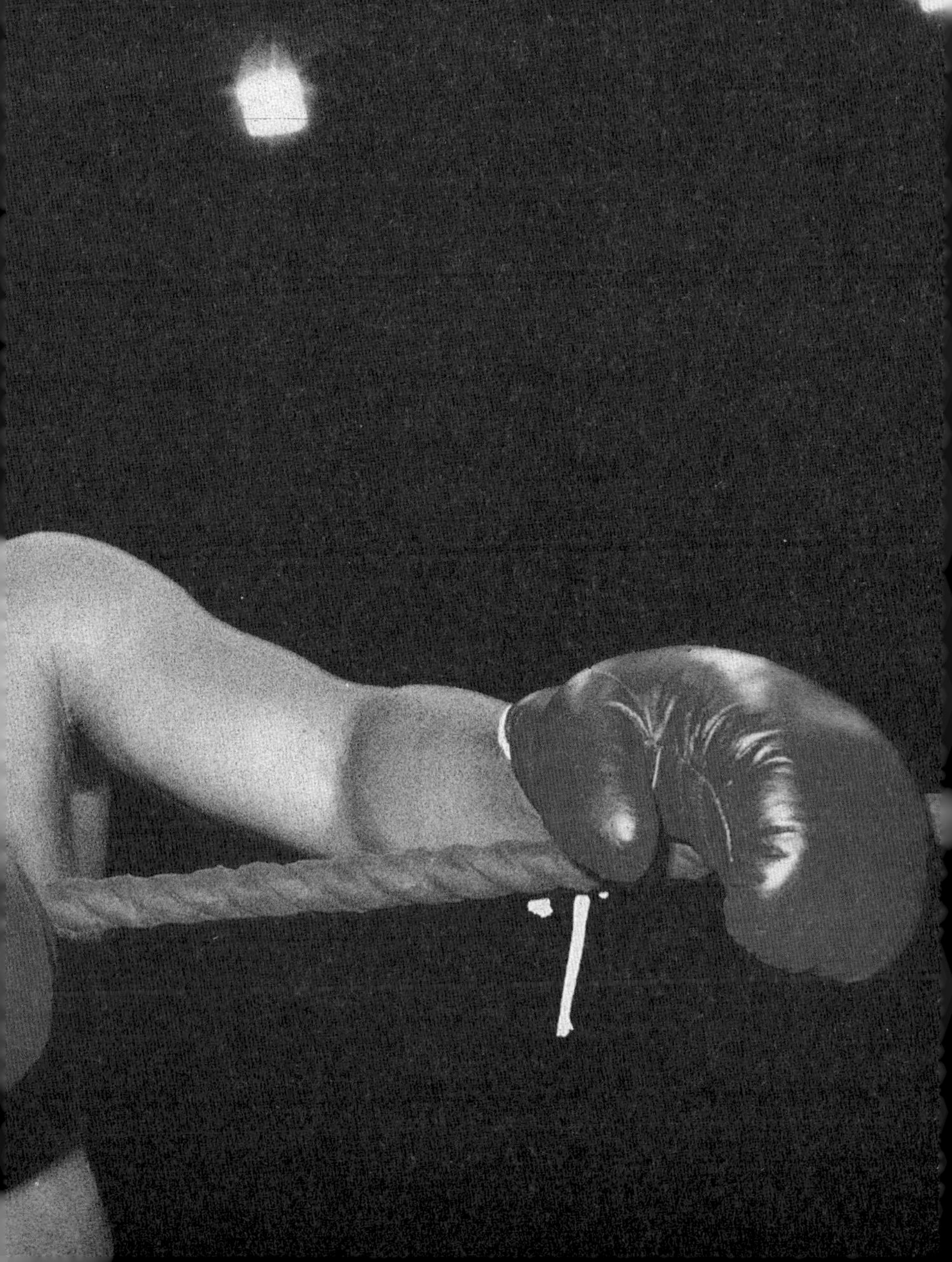

포와 신경섬유로 연결되어 있고 복잡한 네트워크를 형성한다. 격렬한 두부 타격이 반복되면 그 신경섬유가 흔들리며 망가져 뇌라는 컴퓨터 안에서 수많은 단절이 발생한다. 그리고 그 결과 다양한 신경 증상이 나타난다. 때때로 가슴 아픈 학대 사건으로 보도되는 '흔들린 아기 증후군(Shaken Baby Syndrome)'도 어린 아기의 뇌에 격렬한 움직임이 단기간에 반복적으로 가해지면서 손상을 입혀 경련과 의식 장애를 일으키고 때로 사망에 이르게 할 수 있다.

무하마드 알리가 앓았던 파킨슨증 외에도 술 취한 사람처럼 비틀대거나 균형을 잃는 소뇌 실조, 혀가 잘 돌아가지 않는 언어 장애, 감정 변화와 정신 이상, 치매 등의 증상이 있다.

래리 홈즈에게 충격적 케이오 패를 당한 무하마드 알리

무하마드 알리는 맨 처음 세계 챔피언이 되었을 무렵 신의 경지에 이른 예술적 풋워크를 선보였다. 그러나 5년의 공백기를 거친 후 복귀하고 나서는 상대의 펀치를 허용하며 틈을 노려 상대방을 한 방에 쓰러뜨리는 방식으로 전략을 바꾸었다.

무하마드 알리는 8라운드까지 조지 포먼의 펀치를 허용하다가 한순간의 틈을 노려 콤비네이션 블로(Combination blow)를 꽂아 넣어 승리를 거머쥐었다. 1974년 킨샤사에서 열린 챔피언전에서의 일이다. 그러나 조지 포먼의 펀치를 허용하며 알리도 턱과 얼굴을 맞아 뇌에 상당한 타격을 입었다. 그리고 그로부터 한 해 전에는 켄 노턴(Ken Norton)에게 어퍼컷 세례를 당하며 턱뼈가 부서지기도 했다.

무하마드 알리의 펀치드렁크 증후군은 1980년 라스베이거스에서 열린 래리 홈즈(Larry Holmes)와의 경기에서 나타났다. 홈즈는 한때 알리의 연습 상대였는데, 이후 무섭게 성장하여 세계 챔피언 자리를 차지했다. 이 경기에서 빠른 속도로 매서운 주먹을 정확히 꽂아 넣던 알리의 모습은 찾아볼 수 없었다. 그는 홈즈에게 일방적으로 두들겨 맞다가 10라운드에 케이오 패했다.

100킬로그램이 넘는 거구의 사내가 온몸의 힘을 담아 날리는 주먹은 적게는 몇백 킬로그램부터 많게는 1톤에 이를 정도로 엄청난 충격을 준다. 그 주먹을 몇 년에 걸쳐 셀 수 없이 얼굴과 머리에 맞은 알리의 뇌에는 당연하게도 엄청난 충격이 가해졌다.

딱따구리가 인간처럼 치매에 걸린다면?

펀치드렁크 증후군 환자의 뇌를 현미경으로 관찰해 보면 출혈 흔적 등 여기저기 작은 흉터가 있는데, 그 흉터뿐 아니라 알츠하이머병에 자주 나타나는 신경원섬유 변화나 노인반(Senile Plaque), 그것을 구성하는 아밀로이드 베타(Amyloid beta) 단백질을 볼 수 있다. 이들의 분포도 알츠하이머병과 거의 차이가 없다.

남편에게 오랜 세월 가정폭력을 당하다 치매에 걸려 사망한 뒤 부검했더니 알츠하이머병 소견이 보였다는 어느 여성의 증례 보고가 남아 있다. 그리고 단 한 번의 뇌 타격으로 진행성 치매가 되어 사망 후 역시 알츠하이머병으로 변화한 흔적이 보인 청년의 사례도 있다. 알츠하이머병의 원인은 아직 제대로 밝혀지지 않은 부분이 많다. 다만 두부 타격과 연관이 있는 사례가 적지 않다.

자연계에서는 굉장히 빠른 속도로 나무를 쪼는 딱따구리의 뇌는 신경원섬유 변화의 원천이 되는 타우(Tau) 단백질이 몸집이 비슷한 다른 새보다 많이 나왔다는 연구 결과가 있다. 딱따구리가 인간처럼 치매에 걸린다면 어떻게 될까?

두부 타격과 치매의 상관관계를 조사하다가 어린 시절의 기억이 떠올랐다. 학교에서나 집에서나 예전에는 체벌이 흔했다. 말썽을 부리다 걸리면 아버지가 꿀밤을 때렸다. 학교 성적이 나쁘면 눈물이 쏙 빠질 정도로 따끔하게 혼을 냈고 머리통에서 딱 소리가 날 정도로 세게 꿀밤을 때렸다. 그런 탓에 부모님의 기대를 저버리고 재수까지 한 건 어린 시절 자주 꿀밤을 맞아서 뇌세포 미세 장애가 생겼기 때문일지 모른다는 엉뚱한 변명을 머릿속으로 상상해보기도 했다.

내 상상을 여동생에게 말했더니 오빠가 자주 꿀밤을 때려서 자기 머리도 나빠졌다며 비난하는 바람에 본전도 못 찾은 셈이 되고 말았다. 아무튼 아이들을 꾸지람할 때는 아무리 화가 나도 말로 해야지 절대로 머리를 때려서는 안 된다. 지능 저하와 치매의 원인이 될 수 있기 때문이다. 꼭 체벌이 필요한 상황이라면 차라리 엉덩이를 한두 대 때리는 정도로 끝내자.

12.

시인 보들레르와

암흑가의 제왕 알 카포네를 파멸시킨 질병

— 매독

20세기 미국 암흑가의 제왕으로 군림하던
갱 보스가 교도소에서 시시한 잡범들에게
괴롭힘 당하는 '치킨'으로 전락했다고?

일본에는 〈노래를 잊은 카나리아(唄を忘れたカナリア)〉라는 제목의 동요가 있다. 노래에 등장하는 이는 노래를 잊은 카나리아를 뒷산에 내다 버릴지 버드나무 매로 때릴지를 묻는다. '가엾은 카나리아를 차마 내칠 수 없으니 상아로 만든 배에 은으로 만든 노를 주어 달밤의 바다에 두둥실 띄워 보내면 잊었던 노래를 다시 떠올리게 되지 않을까'라는 의미를 담은 가사다. 대서양의 카나리아 제도가 원산지이며, 높고 청아한 소리로 우는 카나리아가 더는 지저귀지 않게 되면 녀석은 그저 노란색 평범한 작은 새에 불과하다.

그와 마찬가지로 노래하지 않는 가수는 실업자가 될 수밖에 없다. 물론 운이 좋아 뛰어난 외모를 무기로 연기자로 전향하는 사람도 있고 노래 실력이 한심한 수준이라 듣는 이의 고막 보호 차원에서 차라리 노래하지 않는 게 낫지 않을까 싶은 아이돌 가수도 있다.

그렇다면 '말을 잃은 시인'은 어떻게 될까? 19세기 프랑스의 선구적 상징주의 시인 샤를 보들레르(Charles Pierre Baudelaire, 1821~1867)는 실어증에 걸렸다.

한편 20세기 미국 암흑가의 제왕으로 군림하던 갱 보스도 교도소에서 시시한 잡범들에게 괴롭힘당하는 '치킨'으로 전락했다. 여기서 '치킨'은 '겁쟁이'라는 의미다.

아무튼 위에 언급한 둘은 완전히 다른 종류의 인물이었으나 병의 원천은 같았다.

무절제하고 방탕한 생활 끝에
'금치산자' 판정을 받고
유산 권리까지 빼앗긴 보들레르

샤를 피에르 보들레르는 1821년 프랑스 파리에서 부유한 사관의 아들로 태어났다. 그러나 그는 어린 시절 아버지를 여의고, 그로부터 얼마 지나지 않아 어머니가 다른 남자와 재혼하는 바람에 철이 들기도 전에 크나큰 인생의 쓴맛과 상실감을 맛보아야 했다.

보들레르는 유년기부터 라틴어로 시를 짓는 전국대회에서 입상하며 문학 방면에서 두각을 나타냈다. 그는 열여덟 살 나이에 프랑스 최고 수재만 입학할 수 있다는 대학입학 자격시험에 단 한 번의 도전에 합격하고도 진학을 포기해야 했다. 왜 그래야만 했을까? 그의 엄격하고 매정한 의붓아버지 자크 오픽이 반대했기 때문이다. 아무튼 그 일로 예민한 감수성에 상처를 입은 보들레르는 학업을 내팽개치고 무절제한 생활을 이어나갔다. 얼마나 방탕하게 놀았는지 두 달 만에 친아버지가 남겨준 유산의 절반가량을 탕진해버린 데다 엎친 데 덮친 격으로 금치산자에 버금가는 판정을 받아 남은 재산을 관리할 수 없게 되었다. 당시 그의 나이 스물세 살이었다.

법적 판결로 유산에 손을 댈 수 없게 된 보들레르는 이후 경제적으로 궁핍한 나날이 이어지자 시를 쓰고, 글을 짓고, 미술 평론을 하며 생활비를 벌었다. 그 무렵 그는 외젠 들라크루아(Eugène Delacroix)를 비롯한 낭만주의 예술가를 본격적으로 비평하며 유명해져서 단숨에 미술 평론의 선구자로 인정받기도 했다. 또 그는 미국의 단편소설 작가 에드거 앨런 포(Edgar Allan Poe)의 작품을 프랑스어로 번역하여 높은 평가를 받았다. 보들레르는 일찍이 시를 쓰기 시작해 1857년에 시집 『악의 꽃(Les Fleurs du mal)』을 출간하여 추상적인 근대시의 서막을 열었다.

벌거벗은 모습으로, 내 마음을 알아주는
그리운 그대는 찰랑거리는 소리가 울리는 보석밖에 걸치고 있지 않았다.
(중략)
한숨 쉬듯 불길이 타오를 때마다
그 호박빛 살결을 저녁노을 빛으로 물들였도다.

당대의 대작가 빅토르 위고에게
찬사를 받은 보들레르, 그러나
스무 살도 되기 전에 매독에 걸려 절망에 빠지다

그러나 성(性)을 탐미적으로 노래한 이 시는 당시의 시대 상황에서는 받아들여지기 어려웠다. 지나치게 전위적이라는 평가가 주를 이루었으며 부도덕하고 미풍양속에 어긋난다는 비판을 거세게 받았다. 그에 따라 〈패물(Les Bijoux)〉을 포함한 여섯 편의 시가 삭제 명령을 받았고 벌금이 부과되었다.

"자네의 『악의 꽃』은 밤하늘의 별처럼 찬란한 빛을 내뿜고 있다네."

천재는 천재를 알아보는 법. 당시 영국에 망명 중이던 작가 빅토르 위고(Victor Marie Hugo)는 보들레르에게 그의 시를 절찬하는 편지를 보냈다.

시대의 흐름과 더불어 그의 탐미주의를 높이 평가하는 분위기가 서서히 조성되며 사후 80년도 넘은 1949년에 기존 판결이 무효로 뒤집혔으나 그렇다 한들 상여 나간 뒤의 약방문이나 다름없는 처사였다.

감수성이 풍부하고 자기 파괴적인 생애를 사는 예술가의 전형답게 보들레르는 여성 편력이 심했다. 그의 경험과 감정은 『악의 꽃』에서 유난히 빛난다. 조숙한 보들레르는 스무 살이 되기도 전인 열여덟아홉 살에 매독에 걸렸다. 그리고 서른 살 고개를 넘어선 뒤에는 신경통과 관절통, 위경련 등의 증상에 시달리며 아편과 에테르로 버텼다.

요즘 잣대로 보면 유통이 금지되는 마약에 속하는 약물이 당시에는 일반 의약품으로 사용되었기에 보들레르는 아편과 대마에 관한 에세이도 썼다. 『악의 꽃』 중에는 「병든 뮤즈(La Muse malade)」라는 귀기 넘치는 시도 있다.

내 가엾은 뮤즈여, 오늘 아침에는 도대체 어인 일이오.
그대의 푹 꺼진 두 눈은 밤의 환영으로 가득하고
그대 얼굴에 차갑고 말 없는 광기와
공포가 번갈아 비치는 모습이 보이오.

마흔여섯 살에 매독혈관염으로
숨을 거둔 보들레르가 마지막으로 남긴 한마디는?

서른아홉 살의 보들레르는 길을 걷다가 뇌출혈 비슷한 증상을 겪었다. 1860년 1월의 일이다. 그로부터 2년 뒤 그는 다음과 같은 글을 남겼다.

이제 현기증과 한몸이 된 모양이다. 현기증이 가시지 않는다. 1862년 1월 23일, 오늘 나는 기묘한 경고를 받았다. 치매의 날개 바람이 내 위를 스쳐 지나가는 느낌이었다.

그의 건강은 하루가 다르게 나빠졌고 아편과 디기탈리스, 벨라도나, 퀴닌 등 온갖 약물을 복용했으나 이렇다 할 만한 효과를 보지 못했다.

1866년 3월, 보들레르는 체류 중이던 벨기에의 성당에서 급성 어지럼증으로 계단 위에 쓰러졌다. 그는 쓰러진 후에도 입원하지 않고 방 안을 비틀비틀 위태롭게 걸어 다녔으며 구술로 편지를 썼다. 3월 하순에는 오른쪽 팔다리에 마비가 나타나 서서히 악화하며 '뇌연화증' 증상이 시작되었다. 그해 4월 14일, 어머니가 병상에 누워 있는 보들레를 찾아왔다. 아들을 보고 간 어머니는 지인에게 다음과 같은 편지를 썼다.

감수성이 풍부하고 자기 파괴적인 생애를 사는 예술가의 전형답게 보들레르는 여성 편력이 심했다. 그의 경험과 감정은 『악의 꽃』에서 유난히 빛난다. 조숙한 보들레르는 스무 살이 되기도 전인 열여덟아홉 살에 매독에 걸렸다.

샤를 피에르 보들레르

'농, 키, 키'라는 게 아들이 발음할 수 있는 유일한 단어로, 그 말을 짜내듯 되뇌었습니다. (중략) 화가 나지 않았을 때는 다른 사람이 하는 말을 곧잘 듣고 이해합니다. 제가 아들의 어릴 적 이야기를 이것저것 했더니 제 말을 알아듣는 듯 귀 기울였습니다. 대답하려고 했지만 아무리 애를 써도 말이 나오지 않는지 답답해서 제 가슴을 쳤습니다. (중략) 그 아이가 이성을 잃은 건 말을 할 수 없기 때문입니다. (중략) 상식을 벗어난 행동은 전혀 하지 않고, 환각도 보지 않습니다.

보들레르는 끝내 회복하지 못했다. "Non, ki, ki"와 "cr'enom" 같은 말만 반복하다가 1867년 8월 31일 타계했다. 그의 나이 마흔여섯 살이었다.

그의 병은 매독혈관염으로 인한 진행성 뇌경색으로 오른쪽 팔다리를 움직일 수 없는 편마비와 실어증 증상을 겪었다. 예전에는 젊은 사람의 뇌졸중은 매독혈관염으로 여겨졌다.

암흑가의 제왕 알 카포네, 악명 높은 앨커트래즈 교도소에 수감되다

알 카포네(Al Capone, 1899~1947)는 1899년 뉴욕의 슬럼가에 살던 가난한 이탈리아 이민자 가정에서 태어났다. 그는 어려서부터 키는 작았으나 어깨가 떡 벌어진 다부진 체격이었다. 또 펑퍼짐한 코에 두툼한 입술, 전체적으로 동글동글한 얼굴 등 우리가 생각하는 위엄 넘치는 보스의 풍모는 아니었다. 그러나 카포네는 암흑가의 혈투에서 누구보다 민첩하게 움직여 갱 세계에서 두각을 나타냈다. 그 혈투 중 얼굴에 상처가 생겨 '스카페이스(Scarface)'라는 별명을 얻었다.

당시는 1920년대, 바야흐로 미국의 금주법 시대로 술 밀매가 암흑가의 거대 이권 사업으로 부상했다. 시카고로 옮겨온 알 카포네는 경쟁자들을 차례차례 정리하고 밀주 판매 업계의 큰손이 되었다. 상대방과 악수하며 오른손을 못 쓰게 한 뒤 살해한 '악수 살인사건(Shake Hands with Murder)'과 경관으로 위장한 부하를 시켜 대립 관계였던 마피아 일곱 명을 기관총을 난사해 죽인 '밸런타인데이 학살(The Saint Valentine's Day Massacre)' 등 그의 지령으로 목숨을 잃은 사람 수만 해도 400여 명, 직접 손을 써서 죽인 사람도 20명이 넘는다. 카포네는 도박, 매춘, 공갈, 갈취와 유령회사 관련 전반으로 사업을 확장했다.

FBI와 경찰은 알 카포네의 덜미를 잡으려고 필사적으로 추적했으나 좀처럼 꼬리를 잡지 못했다. 카포네는 미꾸라지처럼 빠져나갔으나 1931년 탈세 혐의로 가까스로 체포되었다. 당시 그의 나이 서른두 살이었다. 판결은 거액의 벌금과 징역 11년, 샌프란시스코만에 있는 앨커트래즈섬(Alcatraz Island) 교도소에 수감되었다.

이 섬 주위는 거친 해류가 둘러싸고 있고 파도 사이로 상어가 유유히 헤엄치는 곳으로 중범죄자의 탈주가 불가능하도록 설계된 교도소가 자리하고 있었다.

석방 직후 알 카포네의 지적 능력이
열두 살 아이 정도였다는데?

앨커트래즈섬 교도소에 갇힌 알 카포네는 냉혹한 암흑가의 제왕에서 절룩절룩 걸으며 혼잣말을 중얼거리는 비루하고 무기력한 사내로 전락했다. 그는 험악한 동료 수형자들 사이에서 구박과 천대를 받는 한심한 겁쟁이가 돼 있었다. 그곳에서 왕년의 암흑가 제왕은 사소한 시비로 가위에 찔릴 정도로 무시당했다.

1938년, 알 카포네는 발작을 일으킨 뒤 혼수상태에 빠졌다. 그리고 의식을 되찾은 후 후유증으로 정신착란 증상을 보였다가 며칠 만에 회복했다. 발작을 일으켰을 때를 제외하면 그는 순종적이고 지능도 정상이었으나 집중력이 떨어지고 논리적 사고력과 판단력이 떨어졌다. 또 과대망상 경향을 보였고 석방 후의 활동에 관한 장대한 계획을 구상하기도 했다. 때로 신이나 천사가 기도에 응답해 목소리가 들리는 체험을 했다며 유쾌하게 떠벌렸다는 의무 기록도 남아 있다. 또 뇌척수액을 검사했더니 바서만(Wassermann) 반응 양성, 즉 매독 양성이라는 결과가 나왔다는 사실도 기록되어 있다.

1939년 석방 직후 알 카포네는 존스홉킨스대학교에서 말라리아로 생긴 발열 증상을 치료받았다. 1945년에는 페니실린 치료를 받았는데 이미 손 쓸 시기를 한참 지난 뒤였다. 석방 후 가족과 예전 부하들의 보호를 받으며 그런대로 평온하게 생활했는데, 1946년 그의 주치의가 "(알 카포네의) 지적 능력이 열두 살 아이 수준이다"라고 밝혔다. 1947년 1월 21일, 카포네는 뇌졸중을 일으켰고 그로부터 4일 후인 25일에 폐렴으로 사망했다. 그의 나이 마흔여덟 살이었다.

괴로움을 호소하던 매독 환자들의 구세주, 페니실린

매독은 트레포네마팔리둠균(Treponema pallidum)이라는 병원 미생물로 일어나는, 성행위 관련 감염병이다. 이 세균은 나선균으로 분류되는데 나선균은 매독 병원균의 대명사로 자리 잡았다.

이 균에 감염되면 국소적으로 통증이 없는 멍울이나 궤양이 생기고 사타구니 등의 림프샘이 붓는데 증상은 오래가지 않는다.

앨커트래즈섬 교도소에 갇힌 알 카포네는
냉혹한 암흑가의 제왕에서 절룩절룩 걸으며 혼잣말을 중얼거리는
비루하고 무기력한 사내로 전락했다. 그는 험악한 동료 수형자들
사이에서 구박과 천대를 받는 한심한 겁쟁이가 돼 있었다.

샌프란시스코 마담투소 박물관에 전시된 알 카포네 밀랍 인형

통증이 없고 오래가지 않다 보니 대수롭지 않게 여겨 방치하기 쉬운데 절대로 얕보아서는 안 되는 질병이다. 몇 개월 지나면 온몸에 붉은 반점이 나타나 양매(楊梅) 열매처럼 보인다고 해서 '매독(梅毒)'이라는 별명이 붙었다. 의학적으로 이 반점은 장미 꽃잎처럼 생겼다 해서 장미진(Roseola)이라고 부른다. 이 반점도 한 달 남짓 지나면 사라진다.

이 정도로 끝나면 다행이겠지만 몸속에 잠복한 트레포네마팔리둠균은 시간을 들여 천천히 야금야금 온몸의 장기와 뇌에까지 침투한다. 환자는 혈관염과 수막염, 고무종이라고 부르는 염증성 종양, 척수 조직을 침범해 보행 장애를 일으키는 척수로 등의 합병증을 겪는다.

특히 뇌에 병원체가 침입해 정신 이상을 일으키는 진행 마비가 매독에 대한 편견과 공포를 불러일으킨다. 처음에는 감정 기복이 심해지거나 조증이나 과대망상 등의 증상이 나타나는데 서서히 무력해지고 마침내 치매 비슷한 인지 장애를 일으킨다. 젊어서는 활기차고 이성적이고 적극적이던 사람이 과대망상에 빠져 허풍을 치거나 허세를 부려 주위에 민폐를 끼친다. 그 정도라면 그나마 양반이고 망령이 나서 대소변을 가리지 못하는 상태가 될 수도 있다. 알 카포네의 상태가 전형적인 매독 말기 환자의 경우다.

예전에는 체온이 높으면 트레포네마팔리둠균이 사멸한다고 해서 일부러 말라리아에 감염시키는 오늘날 의학지식과 상식에

비추어보면 황당하기 짝이 없는 치료법을 사용했다. 알 카포네도 석방 후 이 치료를 받았다. 항생제인 페니실린이 개발되자 괴로움을 호소하던 매독 환자들의 구세주가 되었고 신경 매독 증상을 보이는 환자가 급격히 줄었다.

알 카포네도 초기 페니실린 치료를 받은 환자였는데 이미 시기를 놓친 뒤라서 큰 효과를 보지는 못했다. 그는 마흔여덟 살에 뇌졸중을 일으켰는데 보들레르와 마찬가지로 매독혈관염으로 인한 혈액순환 장애로 뇌졸중이 발병했다고 추정할 수 있다.

화승총보다 먼저 일본에 들어온 트레포네마팔리둠균

바야흐로 지구촌 시대의 서막이 올랐다. 과거에는 공간적으로 멀리 떨어져 있어 거의 접촉이 없던 사람들이 교통 · 통신의 발달과 글로벌화의 영향으로 손쉽게 만나고 접촉하고 소통하는 시대가 시작된 것이다. 이런 지구촌 시대에 질병도 호기를 만나 엄청난 시너지를 일으켰고 전 세계로 급속히 퍼져나갔다. 각자 다른 대륙에 살던 사람들의 질병이 면역력이 없는 집단에 퍼져 창궐하는 사태가 자주 벌어졌다.

일본에 전염병이 들어온 시기는 아스카시대에 불교가 전래되던 즈음이었는데 이때 유라시아대륙의 중국에서 천연두가 함께 들어왔다. 에도시대 말기에 인도 부근에서 들어온 배가 버린 오물로 규슈 지방을 거점으로 콜레라가 유행했고 수십만 명이 사망했다.

남북 아메리카대륙에 유럽인과 함께 상륙한 천연두와 홍역, 결핵 등이 선주민 사이에 삽시간에 퍼져 무려 1억 명이 넘는 엄청난 수의 사망자가 나왔다. 이는 1492년 크리스토퍼 콜럼버스의 신대륙 (재)발견이 몰고 온 끔찍한 대참사로 한 세대도 채 지나지 않은 1518~1531년 무렵의 일이다. 당시 아메리카 선주민 사이에서는 '유럽인을 보면 죽는다'라는 공포스러운 소문이 돌 정도였다. 유럽인들이 내뿜는 숨과 가래 속에 병원균이 들어 있었으니 완전히 틀린 말도 아니다. 유럽에서 들어온 돌림병으로 잉카와 마야 등의 문명이 삽시간에 사라졌다.

1493년, 콜럼버스 함대는 스페인으로 귀환했다. 한데 그로부터 2년 후 당시 한창 전쟁 중이던 이탈리아에서 장밋빛 발진이 생기는 기묘한 질병이 돌았다. 군대를 따라 옮겨 다니는 윤락 여성들에게 옮는 불명예스러운 질병이라고 해서 프랑스군은 적군의 이름을 따서 '나폴리병', 나폴리에서는 '프랑스병'이라고 불렀다.

이런 종류의 질병은 일단 퍼져나가기 시작하면 걷잡을 수 없을 만큼 엄청난 속도로 번진다. 마치 1981년 미국 로스앤젤레스에서 발견된 에이즈가 눈 깜짝할 사이에 전 세계로 퍼져나갔듯 말이다. 비슷한 일은 중국에서도 벌어졌다. 1498년, 포르투갈 출신 항해가이자 모험가인 바스쿠 다가마가 인도의 고아 땅에 상륙하면서 그와 동시에 트레포네마팔리둠균도 아시아에 들어왔다. 그리고 그로부터 7년 후인 1505년에 중국 남부 광둥성에서 들불처럼 번져나갔다.

이 골칫거리 병원균은 1512년 일본에 상륙했다. 포르투갈인이 화승총을 들고 다네가시마에 들어오기 30여 년 전 매독균이 먼저 상륙 깃발을 꽂고 일본 열도를 접수한 셈이다.

슈베르트, 모파상, 니체, 헨리 8세도 피해가지 못한 무시무시한 질병, 매독

이 병은 신분 고하를 가리지 않았다. 왕으로부터 평민, 혹은 노예에 이르기까지 그야말로 평등하게 이 병을 앓았다. 아이러니하게도, 말기에 이르기 전에는 보들레르처럼 창작 의욕을 비정상적인 수준으로 항진시켜 역설적으로 문화 발전에 이바지하기도 했다. 오스트리아의 위대한 작곡가 슈베르트(Franz Peter Schubert)와 프랑스의 소설가 모파상(Guy de Maupassant) 등도 이 병을 앓았다. 독일 철학자인 프리드리히 니체(Friedrich Wilhelm Nietzsche)는 『차라투스트라는 이렇게 말했다(Also sprach Zarathustra)』 등 후세에 남긴 몇몇 작품을 발표한 후 과대망상으로 정신병원에 입원했다가 사망했다.

1500년대 초반 영국 왕 헨리 8세(Henry VIII, 재위 1509~1547)도 신대륙에서 건너온 매독에 걸렸다. 엘리자베스 1세(Elizabeth I, 재위 1558~1603)의 아버지였던 그는 후계자가 될 왕자를 낳지 못한 첫 번째 왕비 캐서린과 이혼했는데, 이를 인정해주지 않는 로마 교황과 사이가 나빠져 결국 가톨릭에서 독립해 영국 국교회를 창설했다. 캐서린은 아라곤 국왕 페르난도 2세(Fernando II, 재위 1479~1516)와 카스티야 여왕 이사벨 1세(Isabel I, 재위 1474~1504)의 딸이었기에 이 이혼은 훗날 스페인과 영국 사이 전쟁의 직접적인 원인이 되기도 했다.

캐서린은 사산과 유산을 반복했는데, 헨리 8세에게 옮은 몹쓸 병 때문이라고 수군대는 사람이 많았다. 과대망상과 정서 불안 증세를 보이던 헨리 8세는 결혼과 이혼을 밥 먹듯 되풀이했고 왕비를 여섯 명이나 갈아치울 정도로 변덕을 부렸다. 게다가 그중 둘은 '부정한 여자'로 낙인찍어 처형하기까지 했다. 엘리자베스 1세의 어머니 앤 불린이 억울하게 처형당한 여성 중 한 명이었다.

콜럼버스가 가지고 돌아와 아뿔싸 하는 사이에 세계사를 움직인 엄청난 질병이 바로 매독이었던 것이다.

13.

밥 딜런의 '마지막 영웅'
우디 거스리의 인생을 망가뜨린 질병

— 헌팅턴병

노벨 문학상을 수상한 가수
밥 딜런의 '마지막 영웅'은?

미국 음악 하면 당신은 머릿속에 어떤 장르의 음악이 가장 먼저 떠오르는가? 아마도 많은 이가 남부의 흑인들 사이에서 탄생하고 선풍적 인기를 얻은 재즈와 서부 개척민, 백인 노동자들에 의해 만들어진 포크송을 떠올리기 쉬울 것이다. 포크송은 누구나 흥얼흥얼 따라 부르기 쉽고 편안하게 흘러가는 멜로디에 독특한 애수가 담겨 있다. 이 장르는 미국이라는 나라의 역사와 사회에서 빛과 그림자를 잘 담아낸 미국을 대표하는 음악이라 할 만하다.

2016년 노벨 문학상의 영예는 포크송의 대부 밥 딜런(Bob Dylan)에게 돌아갔다. 그가 "내 마지막 영웅"이라며 치켜세우고 우러러본 인물이 바로 1940년대에 왕성하게 활동한 우드로 윌슨 거스리였다. 우드로 윌슨 거스리는 우디 거스리라는 이름으로 주로 불렸는데, 그의 인생에는 신경계 관련 난치병의 비참한 역사가 숨어 있다.

개인적으로 우디 거스리의 노래에 한 가지 추억이 있다. 오래 전 나는 미국에서 산 적이 있는데, 1980년 즈음의 일이다. 당시 내 아이들은 아직 어렸고 영어 한 마디 할 줄 모르는 채 현지 초등학교와 유치원에 다녔다.

딸아이에게 유치원에서 온종일 무얼 하다 오는지 종종 묻곤 했다. 그때마다 적당히 눈치를 보며 어슬렁어슬렁 시간을 보내다가 집에 온다는 대답이 돌아왔다. 가슴이 짠했다.

"선생님이 '에비디' 하면 다른 친구들이 하는 걸 보고 따라 해요."

무슨 말인가 싶어 다시 물었더니 에비디는 'everybody'였다. 영어가 서툰 딸아이는 자기 귀에 들리는 대로 선생님 말씀을 옮긴 거였다. 부모로서 걱정이 앞섰으나 딸아이는 씩씩하게 버텨주고 있었다. 어느 날, 아이들이 학교에서 배워왔다며 흥얼흥얼 노래를 부르기 시작했다. 가만히 귀를 기울여 들어보니 이제 걱정을 내려놓아도 되겠다는 생각에 가슴을 쓸어내리며 안도했다.

This land is your land and this land is my land.
From California to the New York island.

가사만 들어도 미국 포크송다운 노래다. 광활한 미국 땅과 미국이라는 나라를 향한 애착을 노래하고 있다. 미국에서는 누구나 다 아는 국민 애창곡이자 제2의 국가로 사랑받는 노래다. 노래 부르기를 마친 아들이 말했다.

"이 노래를 부른 사람은 한국 때문에 죽었대요. 'He died of Korea' 라고 선생님이 말했어요."

그 당시에는 그저 '한국전쟁 때였나? 그렇게 오래된 노래였나?' 하고 생각하며 넘어갔다가 뭔가 집히는 게 있어서 나중에 조사해보았다. 노래를 만든 이는 '미국 모던 포크송의 아버지'로 일컬어지는 우디 거스리다. 그는 영화 〈바운드 포 글로리(Bound for Glory)〉의 주인공으로 출연하기도 했다.

한국을 의미하는 Korea와 비슷하게 '코리어'라고 발음하는 단어 Chorea가 있다. 이는 신경계 난치병으로 알려진 헌팅턴병의 한 증상인 무도병(舞蹈病, 자동적으로 팔다리가 불규칙하게 움직이는 병)을 의미한다. 우디 거스리는 이 병을 앓았다.

떠돌이 일꾼들 사이에 섞여
서부 농장을 방랑하며 노래하는 우디 거스리

우디 거스리는 1912년 미국 오클라호마주의 시골마을에서 태어났다. 그가 태어났을 무렵에는 가정 형편이 나쁘지 않았으나 1930년대부터 미국 사회 전체가 내리막길로 내달리며 살림이 쪼들리기 시작했다. 미국은 1929년 10월 월가의 주가 대폭락을 출발점으로 불황기에 접어들었고, 거스리 집안의 가세도 급격히 기울기 시작했다.

엎친 데 덮친 격으로 어머니의 몸에 이상이 나타났다. 거동이 불편해졌고 정신도 혼미해졌다. 불행은 여기서 그치지 않았다. 거스리 가족이 살던 집이 회오리바람에 날아가 졸지에 집도 절도 없는 가련한 신세가 되고 말았다. 오클라호마주가 있는 미국 대평원에서는 영화 〈오즈의 마법사(The Wizard Of Oz)〉에서 도로시네 집을 오즈로 날려버린 바람을 연상케 하는 초대형 회오리바람이 심심치 않게 발생해 사람과 집, 자동차를 집어삼킨다. 갑작스러운 회오리바람으로 인해 오늘날에도 어마어마한 피해가 발생하곤 한다.

집을 잃고 길바닥에 나앉은 거스리 가족은 뿔뿔이 흩어졌다. 우디는 떠돌이 일꾼인 호보 무리에 섞여 미국 서부 각지의 농장을 떠돌았다. 호보는 철마다 일자리를 좇아 이동하며 막일을 해서 생계를 꾸려나가는 유랑 노동자이다.

그 시대 호보의 생활상은 노벨상을 수상한 미국 작가 존 스타인벡의 대표적인 작품『분노의 포도』에 생생하게 그려져 있다. 호보들은 방랑하며 보고 느낀 감정을 기타 치며 노래로 불렀다. 그로써 당시 호보들에 의해 탄생한 유랑 노동자들의 노래가 컨트리&웨스턴과 포크송의 원조가 되었다.

우디도 가사를 쓰고 곡을 붙여 노래했다. 훗날 호보로 떠돌던 시절 그를 그린 영화가 바로 앞서 말한 〈바운드 포 글로리〉다. 그의 노래는 대중의 사랑과 평론가들의 관심을 동시에 얻었고 1940년 첫 레코드 앨범《더스트 볼 발라드(Dust Bowl Ballads)》가 세상에 나왔다.

우디는 옛 민요를 자신의 감성으로 리메이크해 부활시켰고 1,000곡이 넘는 작품을 만들었다. 그는 싱어송라이터의 선구자로 〈이 땅은 당신의 땅(This land is your land)〉, 〈900마일(900 Miles)〉 같은 불후의 명곡을 탄생시켰다. 훗날 병으로 노래를 부를 수 없게 되었을 때도 기타를 품에 안은 젊은이들이 그의 발치에 모여들어 그를 따랐기에 대중은 이들을 '거스리 칠드런'이라고 불렀다. 이 젊은이 무리에 오랜 세월이 흐른 뒤 노벨문학상을 받게 되는 밥 딜런도 섞여 있었다.

아내를 버리고 다른 여자와 멕시코로 사랑의 도피를 떠나다

우디 거스리는 몸을 움직일 때 손발이 따로 노는 느낌을 받기 시작했다. 서른 살 생일을 맞이하고 얼마 지나지 않은 시점인 1945년 무렵이었다. 그는 몸놀림이 눈에 띄게 어색해졌고 정신적으로도 불안정해졌다. 처음에 거스리는 지나친 과음과 젊은 시절의 방탕한 생활로 얻은 성병이 도진 거라 여기며 가볍게 넘겼다. 그러나 두 번째 아내 마저리는 술을 한 방울도 마시지 않은 날도 거스리가 술 취한 사람처럼 비틀거리며 어리바리한 모습을 보인다는 사실을 깨달았다.

병에 걸린 후 우디 거스리의 대인관계에도 문제가 생겼다. 어느 날 갑자기 그는 충동적으로 한 여자와 멕시코로 떠나더니 마저리에게 우편으로 이혼 서류를 보냈다. 이후 새로운 곳에서 새로운 생활을 시작하는가 싶더니 금세 이상 증세가 나타났다. 질병으로 인해 차츰 몸놀림이 어색해졌고 정신도 온전치 못하게 된 것이다. 증상은 나날이 진행되어 혼자 힘으로 걷기는커녕 말도 제대로 할 수 없을 정도로 상태가 심각해졌다. 그 지경이 되다 보니 가수로서의 생명도 끝나는 듯했다.

얼마 후 우디 거스리가 다시 주목받기 시작했다. 1960년대에 들어서서 포크송이 재평가되면서부터였다. 그 무렵에는 문병 온 사람이 누구인지를 알아볼 수 없을 정도로 상태가 안 좋았다. 급기야 그는 자리보전하고 누워 일어나지 못하는 신세가 되었고 멕시코로 함께 사랑의 도피를 벌였던 여자는 매몰차게 그를 버리고 떠나버렸다. 그로부터 얼마 후 한때 버림받았던 아내 마저리가 돌아와 거스리를 돌봐주었다.

동작에 안정성이 현저히 떨어지고, 술을 마시지 않았는데도 마치 취한 듯한 상태로 보이는 이러한 증상은 '무도병'이라는 이름의 불수의 운동(Dyskinesia)이 원인인 것으로 알려져 있다. 불수의 운동이란 용어 그대로 '자신이 의식하지 못한 몸의 움직임'이라는 의미다.

진행성 정신 증상과 어머니에게도 같은 증상이 나타났듯 부모에게서 자식으로 2분의 1 정도의 확률로 유전되는 상염색체 우성 유전 질환이다. 이는 뒤에서 다시 살펴볼 '헌팅턴병'으로 추정된다. 일본에서는 10만 명에 한 명 정도로 나타나는 희귀 질병이지만 백인의 경우 열 배 더 많은 빈도로 발생한다. CT 또는 MRI를 통해 뇌 내부에 있는 미상핵의 위축으로 진단하는데, 유전자 검사로 확정할 수 있다.

무도병이란 팔다리와 몸 등이 자신의 의사와 무관하게 마구 움직이는 증상이다. 안정을 취하고 있을 때도 무의식적인 이상 운동을 관찰할 수 있다. 또 정신적으로 흥분하거나 머리를 쓸 때 증상이 나타날 수 있고 어떤 동작을 취하려고 팔이나 다리를 움직이면 불수의 운동이 더 심해져 과장된 동작으로 나타나거나 정상적인 움직임을 취할 수 없다.

이 병을 인류가 처음 알게 된 때는 언제일까? 지금까지 남아 있는 기록에 따르면, 고대 그리스인들은 이 병의 존재를 알고 있었다고 한다. 병의 양상이 너무도 원시적이고 그로테스크한 춤사위처럼 보여 그리스어로 '춤'을 뜻하는 코레이아(Choreia)라는 이름을 붙였고, 이 증상을 부르는 이름으로 굳어졌다.

가벼울 때는 동작이 과장되거나 말하는 도중에 몸이 움직이며 다른 사람들에게 산만한 인상을 준다. 우디 거스리의 초기 증상에 해당한다. 기타를 안고 노래하는 그의 사진을 보면 목을 뒤로 젖히고 입매가 살짝 비틀어져 부자연스러운 인상을 준다. 이 병의 증상으로 볼 수 있다.

파킨슨병은 '브레이크'가 너무 예민하고
무도병은 '액셀러레이터'를 과도하게 밟는 상태?

자신의 의사와 무관한 움직임, 즉 불수의 운동은 무도병과 같은 병적 증상이 아니라도 누구나 경험할 수 있다. 선잠이 들었을 때 푸르르 몸을 떨거나 자기 의사와 무관하게 움직이는 증상은 간대성근경련증(Myoclonia)이라는 불수의 운동이다. 또 춥거나 긴장하면 자기 의사와 무관하게 손이나 몸이 제멋대로 떨리며 멈추지 않는다.

불수의 운동에 의한 떨림에는 병적인 떨림도 있다. 이는 히틀러를 다룬 장에서 설명한 파킨슨병의 주요 증상 중 하나로, 이 병에 걸린 사람의 뇌는 무도병과 대조적인 증상을 나타낸다. 무도병에서는 신경전달물질인 도파민의 작용이 과다하게 나타나는 경향을 발견할 수 있다.

파킨슨병과 무도병을 자동차의 자율주행기능에 빗대어 생각해보면 좀 더 쉽게 이해할 수 있다. 말하자면 파킨슨병은 브레이크가 지나치게 예민하고 무도병은 액셀러레이터를 과도하게 밟는 상태라고 보면 정확하다. 즉, 근육의 긴장이 상대적으로 약해 몸의 움직임도 적은 병이 파킨슨병이고, 근육 긴장이 강해 움직임이 상대적으로 커지고 많아지는 병이 무도병이다.

파킨슨병 치료제가 지나치게 효과를 발휘하면 그 부작용으로 무도병과 비슷한 불수의 운동 증상이 나타나는 것도 그런 이유에서다. 반대로 도파민 작용을 억제하는 약물을 모두 무도병 치료제로 사용하기도 한다.

유전자가 아닌 특정 질병의 증상으로 나타나는 무도병도 있다. 류마티스열(Rheumatic fever)로 생기는 소무도병과 임신, 뇌염, 결합조직질환, 뇌졸중, 저혈당 등의 원인으로 나타나는 종류도 있다. 이런 경우에는 도파민의 불필요한 작용을 억제하는 동시에 원래 질병의 치료가 이루어져야 한다. 또 하나 기억해야 할 것은 항파킨슨병 약물 이외의 약물 부작용에서도 무도병 증상이 나타날 수 있다는 점이다.

조부 대부터 내려온 병원 의료 기록을 뒤지다가 병의 실체를 밝혀낸 젊은 의사 조지 헌팅턴

청교도를 실은 메이플라워호가 미국 뉴잉글랜드 지방, 현재의 보스턴 인근 케이프코드에 도착하고 10년이 지난 뒤인 1630년, 영국 동부 항구도시에서 뉴잉글랜드로 향하던 청교도 중 에식스주 뷰어즈 출신 가족이 포함되어 있었다. 뷰어즈 마을 인근은 마녀재판이 행해진 곳이기도 하다. 이 가족 가계도에는 무도병과 치매 환자가 섞여 있었다.

대대로 뉴잉글랜드 지방에서는 마녀사냥과 마녀재판이 심심치 않게 벌어졌고, 희생자 중에는 뷰어즈 마을 출신 가족의 자손도 몇 명 포함되어 있었다. 종교적 율법을 엄격히 따르는 청교도 식민지 사회에서 존경을 표해야 할 교회 등의 성스러운 공간에서 이상한 방식으로 몸을 움직이거나 괴성을 지르면 마녀로 여겨져 화형대에 매달리거나 모진 박해를 받았다.

뉴욕 롱아일랜드 출신의 젊은 개업의 조지 헌팅턴(George Huntington, 1850~1916)은 조부대부터 내려온 병원 의료 기록을 뒤지다 이러한 증상이 진행성 불수의 운동과 정신 장애를 보이는 유전성 질병임을 깨닫고 논문을 집필하여 발표했다. 1872년 무렵의 일이다.

뷰어즈를 고향으로 둔 사람들의 후손에게 자주 나타나는 비참한 증상은 조지 헌팅턴의 뇌리에 강한 인상을 남겼다. 그것은 헌팅턴이 소년 시절 왕진을 다니는 아버지를 따라다니며 목격한 '무서운 병'으로 불린 질병이었다. 조지 헌팅턴은 뷰어즈 마을 일행보다 3년 늦게 같은 항구에서 뉴잉글랜드로 건너온 사이먼 헌팅턴(Simon Huntington)의 후손이다.

조지 헌팅턴의 논문으로 이 병이 의학계에 비로소 알려지게 되었고 지금은 '헌팅턴병'이라는 이름으로 부른다.

헌팅턴병의 근본적 치료법을 찾기 위해 분투하는 사람들

우디 거스리는 발병 후에도 레코드 수입과 저작권료 등으로 막대한 돈을 벌어들였다. 그를 돌보던 두 번째 아내 마저리는 남편의 자산으로 거스리 센터를 설립하고 미국 헌팅턴병협회로 발전시켜 이 병을 앓는 환자들을 물심양면으로 지원하고 연구자들에게 연구 자금을 지원하는 사업을 시작했다.

조지 헌팅턴의 발표로부터 100년이 지난 1970년대부터 1980년대에 어머니가 헌팅턴병을 앓았던 낸시 웩슬러(Nancy Wexler)와 앨리스 웩슬러(Alice Wexler) 자매가 미국 헌팅턴병협회의 연구 지원에 힘입어 자신들의 운명을 바꾸기 위해 열정적인 활동에 나섰다.

웩슬러 자매는 남미 베네수엘라의 마라카이보호(Lake Maracaibo)

주변에서 유독 자주 발생하는 헌팅턴병을 철저하게 조사했다. 그들은 주민들에게서 채혈한 검체를 보스턴의 연구소로 보내 조직적인 DNA 분석에 착수했다. 그들이 채혈한 주민은 4,000여 명에 달했으며 수집한 검체는 특별 전세기로 48시간 이내에 보스턴에 도착하도록 조치했다. 채혈과 검체 이송부터 막대한 자금을 쏟아부은, 복잡한 시스템으로 이루어진 열정적인 사업이었다.

1983년에 하버드 메디컬 스쿨의 제임스 구셀라(James Gusella) 박사가 헌팅턴병 유전자는 4번 염색체 단완(短腕)의 특정 부분에 존재한다는 사실을 밝혀냈다. 쉽게 말해 병마가 숨어 있는 아지트를 찾아낸 것이나 다름없다. 수많은 유전 질환 중 유전자의 위치를 찾아낸 것은 헌팅턴병이 최초였다.

헌팅턴병 연구에 점점 속도가 붙기 시작했다. 얼마 후 헌팅턴병으로 손상된 단백질이 규명되었고, '헌팅틴(Huntingtin)'이라는 이름이 붙여졌다. 이쯤 되면 유전자 치료나 다른 근본적 치료법으로 바로 이어지리라 기대할 만도 하지만 안타깝게도 치료법에 이르는 길은 길고도 험난해서 아직 임상 응용 단계까지는 이르지 못하고 있다.

유전물질인 DNA는 방사선과 자외선, 활성산소 등으로 파괴되기 쉬워 이를 수복하는 메커니즘이 세포에 잠재해 있다. 헌팅틴은 이 DNA 수복에 관여하는 단백질로, 비정상적인 헌팅틴은 세포를 사멸시켜 병을 일으킨다. 이 기전과 관련된 메커니즘이 규명되면 헌팅턴병의 근본적 치료도 가능하리라 기대된다.

'천의 얼굴'을 가진 나라 미국

미국이라는 나라는 천의 얼굴을 가지고 있다. 포크송으로 대표되는 소박하고 정겨운 시골 사람의 얼굴이 있는가 하면, 고압적으로 '미국 우선주의'를 외치며 전쟁도 불사하는 엉클 샘의 얼굴도 있다. 한때 미국에서 살았던 나도 미국이라는 나라를 떠올릴 때면 복잡한 심경이 되곤 한다. 좋은 추억도 있지만 씁쓸한 추억도 적지 않기 때문이다. 그런데 이 책에 소개하는 신경질환의 역사를 돌아보면 미국이라는 나라에 대한 소회가 한층 깊어진다.

우디 거스리의 헌팅턴병, 무하마드 알리의 파킨슨병, 바비 존스의 척수공동증 등 내로라하는 인물들이 불치병에 걸린 후 자신의 병을 대중에 공개하고 적극적으로 그 병을 연구하는 운동에 참여하고 있다. 로널드 레이건(Ronald Wilson Reagan, 재임 1981~1989) 전 대통령은 아내인 낸시 여사의 주도로 알츠하이머병과 유방암 등의 연구 재단을 만들었다.

환자와 그 가족은 불치병에 걸린 자신들의 운명을 탓하며 무너져 내리지 않는다. 그들은 자신을 쓰러뜨리려는 병에 굴하지 않고 오히려 먼저 선전포고를 하며 그 병과의 싸움을 끈질기게 계속해 나간다.

14.

메릴린 먼로의 롤모델이던

전설적인 섹시 여배우를 몰락으로 이끈 질병

— 알츠하이머병

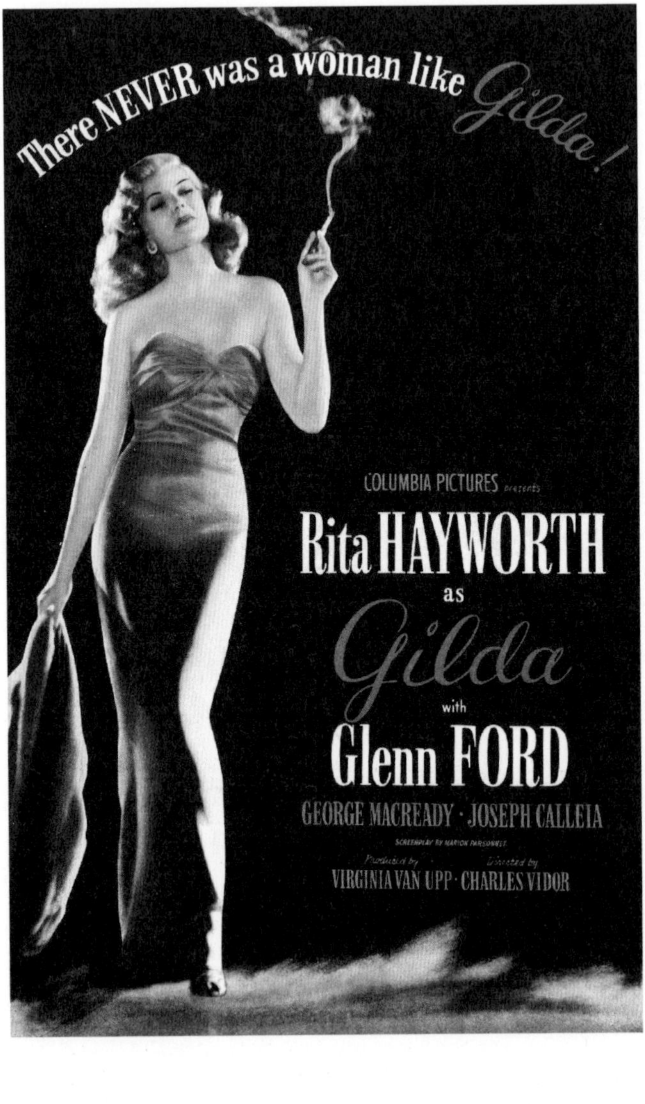

원자폭탄을 싣고 일본 히로시마로 날아온
게이호의 조종간에
리타 헤이워스의 사진이 붙어 있었다고?

할리우드가 한창 승승장구하던 시기에 스크린의 톱스타 자리에 올라 제2차 세계대전 중 미국 육군 병사들에게 가장 인기 있는 핀업 걸(Pin up girl, 여성의 매력을 보여주는 그림이나 연출된 사진 속의 여성－옮긴이)로 사랑받은 여배우가 있다. 그는 관능미를 상징하는 배우 메릴린 먼로(Marilyn Monroe, 1926~1962)가 햇병아리 시절 동경했던 원조 섹시 스타였다. 그의 이름은 바로 리타 헤이워스(Rita Hayworth, 1918~1987)다.

그러나 최고 인기를 구가하던 여배우 리타 헤이워스는 정신적으로 불안정해져 여러 번 사고를 치고 영화계의 문제아로 낙인찍히면서 은막에서 조용히 사라졌다. 왕년의 그를 잘 알던 이들에게는 그야말로 충격적이라 할 만한 추락이었다.

그런데 이해할 수 없는 행동의 원인이 알려지자 그의 이름은 어느 병의 대명사로 바뀌어 미국 사회에 각인되었다. 이는 레이건 전 대통령이 자신이 앓고 있는 병을 고백하기 16년 전의 일이었다.

리타 헤이워스는 1918년에 태어났다. 키 170센티미터, 몸무게 50킬로그램의 날씬한 체형에 이목구비가 뚜렷한 미인으로 화사한 미소가 매력적이었다. 헤이워스는 메릴린 먼로가 등장할 때까지 할리우드 최고의 여배우 자리를 지켰으며, 유명 잡지《라이프》의 표지를 네 번이나 장식했다. 당대에 헤이워스보다 더 자주《라이프》표지에 등장한 인물은 프랭클린 루스벨트 대통령뿐이었다.

리타 헤이워스는 미군 병사들에게 가장 인기 있는 핀업 걸로 구불구불 물결치는 붉은 머리칼을 풀어헤친 채 수영복을 입고 포즈를 취하는 사진이나 하늘하늘한 속옷을 입은 모습으로 뭇 남성들의 마음을 사로잡았다. 제2차 세계대전 중의 일이다. 실제로 원자폭탄을 싣고 일본 히로시마로 날아온 게이호의 조종간에는 헤이워스의 사진이 붙어 있었고, 전후 최초의 비키니 환초 핵실험에서 사용된 원폭에도 그의 사진이 붙어 있었다. 글자 그대로 리타 헤이워스의 폭발적인 인기를 상징하는 사건이었으나 헤이워스 자신은 복잡한 심경이었는지 이에 관한 질문에 불편한 표정을 짓곤 했다.

리타 헤이워스는 일약 최고 스타 자리에 올랐다. 1941년의 일로, 영화 〈피와 모래(Blood and Sand)〉에 출연해 타이론 파워(Tyrone

Edmund Power)가 연기한 젊은 투사를 유혹하는 요염한 공작부인을 연기한 일이 직접적인 계기가 되었다. 1946년에는 〈길다(Gilda)〉라는 영화에 어깨가 훤히 드러나는 검은색 오프숄더 드레스를 입은 아찔한 모습으로 등장해 아련한 몸짓으로 춤추며 화면 너머 뭇 남자들의 마음을 뒤흔들어놓았다. 헤이워스가 검은색 긴 장갑을 벗자 눈부시게 하얀 팔이 드러나는 컷은 영화사에 길이 남을 장면이었다. 남자의 마음을 홀리는 요부 이미지가 강했던 헤이워스가 마지막 장면에서 깜짝 변신해 반전 매력을 보여주며 그의 인기는 말 그대로 하늘을 찔렀다. 헤이워스의 필살기는 몸짓만으로도 보는 이를 홀리는 매혹적인 춤사위였다. 스페인 출신 댄서였던 아버지와 브로드웨이에서 쇼걸로 활동했던 어머니를 둔 그는 타고난 댄서였다. 헤이워스는 어려서부터 무대에 올라 스텝을 밟아 춤을 추며 타고난 재능을 갈고닦았고 그의 재능은 스크린에서 활짝 꽃피웠다.

"길다로 사랑에 빠지고 리타로 제정신을 찾았다"라는 말의 의미는?

〈길다〉에 등장한 늘씬한 몸매의 리타 헤이워스는 반세기 후인 1994년에 개봉한 영화 〈쇼생크 탈출〉(원작 소설은 스티븐

킹의 『리타 헤이워스와 쇼생크 탈출(Rita Hayworth and Shawshank Redemption)』)에서 억울한 누명을 쓰고 종신형을 선고받아 복역 중인 주인공 앤디의 감방 벽에 붙어 구멍을 가려준 포스터라는 탈옥 소도구로 사용되었다.

리타 헤이워스의 사생활은 매우 복잡했다. 헤이워스는 다섯 번이나 결혼했다. 그는 〈시민 케인(Citizen Cane)〉의 감독으로, 훗날 〈제3의 사나이(The Third Man)〉에 출연하기도 했던 오슨 웰스(George Orson Welles)와 결혼했다. 이후 헤이워스는 오슨 웰스와 사이에 딸을 낳은 뒤 1948년에 이혼하고 알리 칸(Prince Ali Salman Aga Khan) 왕자와 재혼했다. 이는 그 이듬해인 1949년의 일이다. 알리 칸은 이슬람교 신자로 파키스탄 UN 대사를 역임했으며, 세계 최대 부호로 알려진 아가 칸(Aga Khan)의 아들이며 바람둥이로도 이름을 날렸다.

이 결혼도 길게 이어지지 못하고 두 사람은 이혼 서류에 도장을 찍었다. 1953년의 일이다. 이혼 당시 딸인 야스민 아가 칸(Yasmin Aga Khan)의 친권을 둘러싼 법정 공방이 벌어졌는데 헤이워스는 100만 달러의 위자료를 거절하고 딸을 기독교 신자로 키우겠다는 뜻을 관철했다. 이후 그는 영화계로 복귀했고 결혼과 이혼을 반복했다. 할리우드 남자들 사이에서는 "길다로 사랑에 빠지고 리타로 제정신을 찾았다"라는 말이 나돌았다. 스크린 속 허상과 현실의 리타 헤이워스 사이의 격차가 너무도 컸기에 나온 말이었다.

알코올 중독에 이유를 알 수 없는 이상행동으로 주위 사람을 불안하게 한 헤이워스

야스민은 어린 시절 어머니 리타 헤이워스의 이상한 행동을 자주 목격했다. 그가 남긴 글을 잠깐 살펴보자.

> 어머니는 끊임없이 배회했고 손을 한시도 가만히 두지 못하고 번잡스럽게 움직였다. 믿을 수 없을 만큼 크게 동요하는 모습을 자주 보였고 망상에 쫓기며 감정이 널뛰듯 오르내렸다. 어머니의 눈에는 헛것이 보이는 듯했다. (중략) 어머니는 뭔가에 홀린 듯 옷장 서랍 속을 온통 헤집어놓았다가 정리하기를 반복했다. 나는 왜 어머니의 옷이 내 서랍에 들어 있는지 늘 의문이었다. (중략) 냉장고와 선반 안에 든 물건을 죄다 끄집어내 보는 사람 속을 뒤집어놓았다.

안타깝게도 리타 헤이워스의 어머니 역시 알코올 중독자였다. 집안 내력인지 헤이워스도 젊어서부터 술을 즐겨 마셨고 술버릇도 좋지 않았다. 오슨 웰스와 결혼 생활을 하는 동안 주량이 점점 늘었다. 헤이워스는 스태프와 가족에게 발작적으로 분노를 퍼부었으며 가구를 부수고 자살행위나 다름없는 엄청난 속도로 자동차를 몰고 질주하여 주변 사람들을 불안하게 했다. 다섯 번째 남편인 영화 제작자 제임스 힐(James Hill)도 그 못지않은 술꾼에 알코올 중독이라 가정은 풍비박산이 났다.

리타 헤이워스는 뉴욕 브로드웨이에서 무대에 올랐을 때 아무리 애를 써도 대사가 떠오르지 않자 밖으로 뛰쳐나가 아버지에게 울며 전화를 걸었다. 마지막 이혼 후인 1961년의 일이다. 이런 일은 또 있었는데, 1963년 영화 촬영 중에도 그는 대사가 입 밖으로 제대로 나오지 않았다. 원래 헤이워스는 연기력이 뛰어나고 암기력도 좋은 편이었다. 나날이 더해져만 가는 그의 이상행동과 돌출행동에 알코올 중독이 원인이라는 소문이 돌았고, 그의 고약한 술버릇이 소문나면서 점점 설 자리를 잃게 되었다. 이후 더욱더 평판이 떨어지면서 동시대 여배우 잉그리드 버그먼(Ingrid Bergman)과 캐서린 헵번(Katharine Hepburn)처럼 뛰어난 미모와 연기력을 겸비한 배우들에게 밀려 아무도 불러주는 사람이 없는 처량한 신세로 전락했다.

리타 헤이워스는 영화 〈신의 분노(The Wrath of God)〉 촬영장에서도 연거푸 대사를 잊어버렸다. 1972년의 일이다. 이때 그는 어쩔 수 없이 한 문단 분량을 촬영하고 다시 다음 문장을 외워서 촬영하는 방식으로 대응해야 했다고 한다. 그런 다음 마지막에는 각 장면을 짜깁기해 영화를 완성할 수밖에 없을 정도로 어려운 작업이었다. 그나마 헤이워스의 연기력은 녹슬지 않아 명품 연기를 선보였기에 완성된 영화는 어색하지 않았으나 차기작은 기대하기 어려운 상황이었다.

자신이 초대한 절친한 두 여배우를
고기 자르는 칼로 위협하여 내쫓다

흥분한 리타 헤이워스가 고기 자르는 칼을 들고 서 있었다. 저녁식사에 초대받은 그와 평소 친분 있는 두 여배우가 헤이워스의 집을 방문했을 때의 일이다.

"오늘은 사인 안 한다니까!"

헤이워스는 칼을 들고 위협하며 두 사람을 밖으로 내쫓았다. 황당하게도 다음 날 그는 두 사람에게 전화를 걸어 왜 어제 저녁에 자기 집에 오지 않았느냐고 태연하게 물었다. 전날 밤 두 사람을 위협한 일을 까맣게 잊은 듯했다.

리타 헤이워스는 기내에서 한바탕 소란을 피웠다. 영국의 텔레비전 방송국에 초청받아 TWA기를 타고 런던으로 향해 가던 길에 일어난 소동으로 1976년 1월의 일이었다. 그는 승무원이 가져온 기내식 쟁반을 손으로 세게 밀쳐 바닥에 떨어뜨렸고, 다른 승객에게 미친 사람처럼 고함을 질렀으며, 제지하러 달려온 객실 승무원의 뺨을 있는 힘껏 후려쳤다. 이에 관제탑으로 기내에서 난동을 부리는 승객이 있다는 보고가 들어갔다. 눈치 빠른 기자들은 그 안하무인 승객의 정체를 간파하고 히드로 공항에 그야말로 벌떼처럼 몰려들었다. 헤이워스는 공항에 구름처럼 모여 있는 기자들 앞에서 강제로 끌려 내려왔다. 마구 헝클어진 머리칼에 초췌한 그의 사진이 전 세계로 타전되어 많은 나라의 각종 언론에 대서특필되었다.

언론은 일제히 "현재 할리우드에서 가장 비극적인 인물"이라며 호들갑을 떨었다. 딸 야스민은 자신을 추스르지 못하고 연이어 끔찍한 사고를 치는 어머니를 돌보아야 했다. 당시 야스민은 오페라를 전공하기 위해 다니던 학교를 졸업한 뒤 소프라노 가수로 데뷔하고자 연습 중이었다. 야스민은 자신의 꿈을 접고 어머니를 돌보는 길을 택했다.

딸의 손에 이끌려 의사를 찾아간 헤이워스는 '알코올 중독으로 인한 정신 장애'라는 진단을 받았다. 이후 미국 동부 코네티컷주에 있는 알코올 중독 전문병원에 입원했다. 소설가 트루먼 카포티(Truman Capote)와 에드워드 케네디(Edward Kennedy) 상원의원도 치료받은 적 있는 유명 병원이었다. 그러나 술을 끊고 치료를 받아도 헤이워스의 상태는 전혀 나아지지 않았고 기억력도 하루가 다르게 나빠졌다. 그 무렵 그를 진찰하는 의사마다 금주를 권하자 헤이워스는 진료실에 가지 않겠다고 고집을 부리며 생떼를 쓰곤 했다.

헤이워스는 신경과 전문의에게 진찰받은 뒤 임상 증상과 영상 진단을 받았다. 그 결과 알코올 중독이 아닌 알츠하이머병으로 판명났다. 그가 예순 살 되던 1978년의 일이다. 다만 젊은 시절에 겪은 증상은 알코올 중독으로 인한 것일 가능성이 커 보인다.

'리타 헤이워스 갈라'를 매년 개최하는 등
다방면의 노력으로 헤이워스를 알츠하이머병의
상징적 인물로 만든 딸 야스민

야스민은 당시를 회상하며 이렇게 말했다.

어머니는 자신의 마음이 사라지고 있다는 사실을 어렴풋하게나마 알고 있는 듯했습니다. 어머니가 세상을 떠난 뒤 소지품을 정리하다가 당신의 증상에 관한 책을 찾았습니다. 누군가를 만나면 '아는 사람이야. 누군지 알아'라고 말했어요. 그러나 어머니의 뇌는 그 사람이 누구인지 찾아내지 못했습니다. 정신이 나가 난동을 부릴 때는 그야말로 마음이 무너지는 듯했습니다. 그럴 때마다 나는 어머니가 난동을 부리는 소리를 들으며 끝날 때까지 조용히 기다리곤 했지요. 제가 할 수 있는 일이라고는 그저 기다리는 일뿐이었으니까요. 나는 그 누구도 어찌할 수 없는 기막힌 병이라는 생각을 하며 절망했습니다. 우리는 이 병의 정체를 잘 몰랐어요. 그래서 어머니가 눈을 감기 전까지 리타 헤이워스라는 여인의 마음의 평안을 위해 조용히 기도할 뿐이었습니다.

난동은 치매 환자에게 종종 나타나는 행동심리 증상이다. 불안해지거나 우울해지거나 망상이 나타나거나 착각을 일으킨다.

야스민은 끝없이 이어지는 어머니의 간병에 넋을 놓고 있지만은 않았다. 행동력을 발휘해 이 병을 연구하고 대책 마련을 지원하는 알츠하이머병협회에 물심양면으로 힘을 보탰고 어머니의 유명세를 적절히 활용해 '리타 헤이워스 갈라(Gala)'를 기획하기도 했다. '갈라'는 축제라는 뜻이지만 리타 헤이워스의 경우에는 '리타 헤이워스 쇼' 정도로 이해하는 게 적절하지 않을까 싶다.

야스민은 각 나라의 상류계급의 지지를 자연스럽게 끌어낼 수 있었다. 그의 친아버지가 파키스탄계 군주인 마하라자 가문 출신이었기에 가능한 일이었다. 1985년에 열린 첫 번째 갈라에는 〈셰르부르의 우산(The Umbrellas of Cherbourg)〉 등의 작품으로 유명한 카트린 드뇌브(Catherine Deneuve)를 초청했다. 야스민은 매년 갈라를 개최하여 모은 수익금 전액을 알츠하이머병 연구를 위해 기부했으며 2015년까지 총 600만 달러를 모금했다. 이 돈 덕분에 전 세계의 몇몇 젊은 연구자들이 미국 유학길에 오를 수 있었다. 야스민은 현재 알츠하이머병협회 회장을 맡고 있다.

리타 헤이워스는 예순여덟 살의 나이로 세상을 떠났다. 1987년 5월의 일이다. 마지막 몇 개월 동안 그는 아무 말도 하지 못하는 상태로 침대에 누워 지냈다. 부고를 전해 들은 그와 동시대 영화인이던 레이건 전 대통령이 성명을 발표했다.

리타 헤이워스는 이 나라에서 가장 사랑받은 스타였습니다. 관능적인 몸매와 재능을 타고나서 어린 시절부터 연극 무대와 스크린에서 멋진 연기로 사람들을 매료시켰습니다. 만년에 헤이워스는 알츠하이머병과 싸웠습니다. 그와 가족의 용기와 헌신으로 이 병에 관한 공적 지원은 전 세계인의 관심을 불러일으켰고 치료에 대한 희망도 심어주었습니다. 제 아내 낸시와 저는 그의 죽음을 애도합니다. 삼가 고인의 명복을 빕니다. 가족에게도 심심한 조의의 뜻을 표합니다.

1994년에 로널드 레이건이 자신이 앓고 있던 알츠하이머병을 대중에 용감하게 공개할 때까지 미국에서 리타 헤이워스는 이 병의 상징과도 같은 존재였다. 지금도 리타 헤이워스의 가족과 후손들은 갈라를 통해 알츠하이머병 대책과 의식 향상에 크게 이바지하고 있다.

알로이스 알츠하이머 박사가 1901년에 진단한 역사상 최초 치매 환자

불과 30년 전만 해도 알츠하이머병은 대중에 널리 알려진 병이 아니었다. 알츠하이머병이라는 이름을 들어본 사람도 많지 않았다. 그러나 지금은 누구나 아는 유명한 병이 되었다.

1901년, 독일 프랑크푸르트암마인의 정신과 의사 알로이스 알

1994년에 로널드 레이건이 자신이 앓고 있던 알츠하이머병을 대중에 용감하게 공개할 때까지 미국에서 리타 헤이워스는 이 병의 상징과도 같은 존재였다. 지금도 리타 헤이워스의 가족과 후손들은 갈라를 통해 알츠하이머병 대책과 의식 향상에 크게 이바지하고 있다.

츠하이머(Alois Alzheimer, 1864~1915)는 쉰한 살의 치매 여성을 진찰했다. 그는 심각한 기억 장애와 망상 증상을 보였고 주위 상황에 맞추어 적절한 행동을 하지 못했다. 5년 후 환자가 사망하고 나서 부검으로 뇌를 검사해보니 현미경 소견으로 신경원섬유 변화와 노인반이라고 부르는, 일반인에게는 거의 찾아볼 수 없는 특징을 관찰할 수 있었다. 이후 약년성 알츠하이머로 뇌에 이상 소견을 주로 보이는 병을 알츠하이머병이라고 부르게 되었다.

리타 헤이워스의 경우도 사십 대에 부적절한 행동을 하거나 대사를 기억하지 못하는 등의 증상이 알츠하이머병 때문에 나타났다고 볼 수 있다. 나이로 봐도 알츠하이머 박사가 주장한 최초 환자의 사례와 거의 같은 연령대다.

예전에 알츠하이머병은 젊어서 발병하는 특이한 질병으로 여겨졌다. 뇌 신경과 전문의인 나조차 예전에는 희귀한 질병이라고 생각할 정도였다. 한편 나이를 먹어서 정신 기능이 쇠퇴하며 속된 말로 '망령이 든다'라고 표현하는 노인성 치매는 그다지 이상한 일은 아니었다. 이 병은 노인에게 나타나는 치매 혹은 뇌동맥경화증으로 대중에 알려졌다. 부검하면 뇌에 알츠하이머 박사가 주장한 환자의 사례와 같은 상태를 확인할 수 있어 알츠하이머형 노인성 치매라는 어려운 용어를 사용하기도 했다.

그러나 두 병은 서로 다른 병이 아니라 정확히 같은 질환이다. 어쩌다 우연히 젊어서 발병한 사람을 알츠하이머 박사가 진찰했고 특이한 사례로 학계에 보고했을 따름이다.

아직 특효약은 없어도 진행을 늦출 수 있는 약은 있다고?

기억력이 나빠지는 것은 알츠하이머병의 최초 증상의 하나다. 희한하게도 새로운 것은 대부분 잊어버려도 케케묵은 옛날 일은 방금 일어난 일처럼 또렷이 기억한다. 이런 점에서 리타 헤이워스도 앞에 소개한 힌덴부르크 대통령도 비슷한 증상이 나타났는데, 그들은 모두 몇 시간 전에 만난 사람은 까맣게 잊어버려도 몇십 년 전 지인이나 부하는 또렷이 기억했다.

병원 외래에서 환자를 진찰하다 보면 혹시 자신이 치매에 걸린 게 아닌지 염려하는 분들을 자주 만난다. 그들은 자신이 요즘 건망증이 부쩍 심해졌다며 걱정스러운 얼굴로 이것저것 묻곤 한다. 환자들에게 치매에 관한 질문을 수시로 받는 나 역시 젊은 시절과 비교해 기억력이 많이 떨어졌다.

자신의 기억력이 의심스러울 때는 어떻게 해야 할까? 우선 무엇보다도 자신의 증상이 병적인 수준인지 별문제 없는 일상적 수준인지를 냉철하게 판별해야 한다. 의학 교과서에는 "기억 장애를 자각하고 주위 사람이나 자신을 확실히 인지하고 일상생활에 지장 없는 경우는 양성"이라고 적혀 있다. 나도 이 정도 선에서 자가 진단한 뒤 '이 정도면 괜찮다'라고 생각하며 안심하고 있다.

그러나 문제는 알츠하이머병이든 다른 유형의 치매든 초기에는 교과서에 소개된 증상이 그대로 나타나지 않는다는 것이다. 기억 장애를 자각할 뿐 아니라 다른 사람에게도 '요즘 건망증이 심해졌다'라는 말을 자주 들어도 그 밖의 이상은 거의 발견되지 않고 그저 나이보다 조금 일찍 머리가 둔해진 정도의 상태는 '경도인지장애(Mild Cognitive Impairment, MCI)'라고 한다. 그 상태에서 더 악화하지 않고 지나가는 사람도 있고 치매로 진행하는 사람도 있다. 미국의 레이건 대통령도 재직 당시부터 회의에 집중하지 못하는 등 일종의 인지장애 증상을 보였는데, 당시 주치의는 경도인지장애라고 진단했다.

최근 경도인지장애 단계에서 병을 예방할 수 있다는 이론이 나와 관련 연구가 활발히 이루어지고 있다. 신경세포를 공격하는 활성산소의 영향을 완화하는 등 푸른 생선과 레드 와인, 과일 등의 식품, 걷기 같은 과도하지 않은 유산소운동, 취미와 뇌를 자극하는 훈련, 삶의 보람을 발견하고 활력소가 되어줄 수 있는 활동 등을 권장했다.

알츠하이머병의 원인도 아직 확실히 규명되지 않았다. 유전성이 확실한 일부 유형도 있으나 모든 알츠하이머병이 유전되지는 않는다. 신경세포의 변화를 알면 근본적 치료법을 찾아낼 수 있다는 주장이 나와 환자의 병든 세포를 재현하는 유도만능줄기세포(Induced Pluripotent Stem cell, IPS) 기술에 기대를 걸고 있다. 알츠하이머 박사가 발견한 뇌의 특징적 변화, 신경원섬유 변화와 노인반의 원인이 되는 물질이 생성되지 않거나 뇌에 쌓이지 않도록 하는 약물 개발도 진행되고 있어 학계에서 거는 기대가 크다.

'글루탐산이 뇌에 좋다'는 믿음은 착각에 지나지 않는다고?

현재는 뇌 기능에 관여하는 아세틸콜린이라는 신경전달물질이 분해되지 않도록 작용하는 약물을 사용한다. 일본 제약기업이 최초로 개발해 전 세계에서 널리 사용된다. 또 글루탐산(glutamic acid)이라는 이름의 아미노산도 신경전달물질로 이 물질이 많아져 너무 강하게 작용하면 신경세포에 장애를 일으킬 수 있으므로 글루탐산을 억제하는 약물도 사용된다. 이 약물들은 근본적인 치료가 아니라 병의 진행을 늦추는 정도다.

예전에 반 숟가락만 넣어도 마법처럼 사람들의 입맛을 사로잡는 감칠맛을 내는 화학조미료의 주성분인 글루탐산이 뇌에도 좋다는 민간요법이 유행한 적이 있다. 두뇌 발달에 좋다는 소문을 어디선가 듣고 온 어머니들이 온갖 나물 반찬을 맛깔스럽게 무칠

때 화학조미료를 아낌없이 넣곤 했다. 우리 뇌에 글루탐산이 많다고 보고되었고 입에서 입을 타고 글루탐산이 뇌에 좋다는 식으로 마구 부풀려지며 소문이 퍼져나간 모양이다.

그러나 최근 학설에서는 글루탐산이 과도해지면 신경세포가 사멸한다. 1940년대부터 1960년대에 화학조미료 만능 신앙이 퍼졌던 시절 집밥을 먹고 자란 내 세대는 앞으로 어떻게 될까? 다 같이 머리가 좋아져 국가의 대들보 역할을 할까? 아니면 치매 환자가 꾸역꾸역 늘어나는 데 일조할까?

15.

잠들면 숨이 멎는 '운디네의 저주'

— 수면무호흡 증후군

오드리 헵번이 연기한 물의 요정, 운디네

운디네(Undine)는 유럽의 옛 민화에 나오는 물의 정령으로, 영어식 발음은 '언딘'이다.

프랑스의 희곡 작가 장 지로두(Jean Giraudoux)가 1934년 운디네의 이야기를 무대에 올렸다. 그가 1954년 뉴욕 브로드웨이에서 선보인 무대를 빛낸 이는 오늘날까지 전 세계적으로 유명한 배우 오드리 헵번(Audrey Hepburn, 1929~1993)이었다. 그리고 이후 무대 위에서 수많은 여배우가 이 깜찍한 요정을 연기했다.

운디네는 물을 다스리는 신의 딸로, 장난기 많고 생동감 넘치는 물의 정령이었다. 태어난 지 500년이 지났음에도 자기 나이는 열다섯 살이라고 천연덕스럽게 말한다. 천진난만하고 발랄하며 생기 넘치는 그의 앞에 방랑 기사 한스가 나타났다. 한눈에 반한 운디네는 한스와 바로 결혼식을 올리고 지고지순한 사랑을 바쳤다.

얼마 후 두 사람은 성으로 돌아가는데, 성에는 그의 과거 연인이자 왕의 양녀 베르타가 기다리고 있다. 당연히 두 눈에 질투의 불꽃이 일었다. 그러나 운디네가 인간 세계로 올 때 물의 신인 아버지가 자신의 딸을 불행하게 만드는 자에게는 무서운 저주를 내린다고 경고했다.

운디네는 자신이 먼저 음유시인과 부정을 저질렀다며 한스의 성을 떠났다. 엄격한 기독교 교리가 지배하던 시절 인간 세계에서나 정령의 세계에서나 불륜은 중대한 죄였다. 체포된 운디네는 재판정에 섰고, 사랑하는 한스가 저주에 걸리지 않도록 거짓을 말했다는 진상이 밝혀졌다. 운디네는 저주를 풀어달라고 아버지에게 애원했으나 받아들여지지 않았다. 한스는 죽음을 피할 수 없게 되었고 운디네는 인간 세계에서의 기억을 모두 잃게 될 운명이었다.

얼마 남지 않은 시간, 두 사람은 서로 사랑했던 나날을 추억하며 사랑을 속삭였다. 제발 죽지 말아달라고 매달리는 운디네의 품에서 한스는 스르르 잠에 빠졌다가 이윽고 숨이 멎었다. 기억을 잃은 운디네는 한스의 얼굴을 보며 '이 잘생긴 사람은 누구지?'라고 중얼거리며 비극은 막을 내린다.

의학 세계에도 '운디네의 저주(Undine curse)'라고 부르는 질병이 있다. 이 병을 자세히 들여다보면 '깜찍한 요정의 저주'라는 별명이 과연 적합한지 의문이 든다.

깨어 있을 때는 호흡하지만 잠들면 호흡이 멈춘다?

'운디네의 저주' 또는 '언딘의 저주'라는 별명이 붙은 이 병의 정식 명칭은 '선천성 중추성 저환기 증후군(Central sleep apnea, 중추성 수면무호흡)'이라는 조금 길고 어려운 이름이다. 이는 수면무호흡증의 한 유형으로, 쉽게 말해 잠들면 호흡이 멈추는 특이한 질환이다.

극 중에서 기사 한스는 한순간이라도 주의를 게을리 하면 숨쉬기를 잊어버리게 된다고 슬픈 얼굴로 호소한다. 호흡 운동으로 움직이는 횡경막과 가슴 주위 근육에 일일이 움직이라고 명령을 내리지 않으면 숨이 멈추고 꼼짝없이 죽게 되는 상황이니 얼마나 참담한 일인가!

포유동물은 일종의 '자동운동 시스템'으로 호흡한다. 물론 포유동물의 일종인 인간도 여기서 예외는 아니다. 호흡은 우리 뇌 속에 각인되어 있어 일일이 숨을 쉬라고 뇌가 명령할 필요가 없다. 뇌간 아래 연수라는 부분에 혈액 속 탄산가스 농도와 산성도(ph: 수소이온 농도)를 모니터하는 세포가 있고, 탄산가스가 증가하거나 산성도가 내려가면 숨을 쉬라고 호흡 관련 근육에 지령을 내려 보낸다. 이것이 포유동물 호흡의 간단한 원리다.

호흡 중추는 매우 강력한 컨트롤 시스템이다. 아무리 노력해도 몇 분씩 숨을 참기는 어려워서 자기도 모르게 숨을 쉬게 되는 이유가 여기에 있다. 동서고금을 막론하고 자기 의지만으로 호흡을 멈추어 자살한 사람이 없는 것도 그래서다. 연수는 머리와 목의 경계, 목덜미의 움푹 들어간 부분에 있다. 이연걸이 주연으로 출연하고 뤽 베송이 감독한 〈키스 오브 드래곤(Kiss of Dragon)〉이라는 영화가 있다. 영화 제목 '키스 오브 드래곤'은 어디서 유래한 말일까? '단 한 번 찔러서 사람을 죽게 만드는 치명적인 급소'를 의미하는 침술 용어에서 따온 것이다. 무협지에도 침술의 고수가 목덜미의 움푹 들어간 부분에 침을 꽂으면 숨이 끊어지는 장면이 종종 등장한다.

뇌졸중 등의 질병이 호흡 중추가 있는 부위에 일어나거나 선천적으로 이 세포에 이상이 있으면 깨어 있을 때는 의식적으로 호흡할 수 있지만 잠들면 호흡이 멈춘다. 환자는 짧은 수면과 각성을 반복하며 어떻게든 버티려 애를 쓰지만 이내 한계 상황이 온다. 다행히도 현재 의료기술로 잠자는 동안 인공호흡기를 부착하거나 페이스 메이커로 횡격막을 주기적으로 자극해 호흡 운동을 일으켜 치료할 수 있다.

이러한 질병의 존재를 1962년 미국의 의사 존 시버링하우스(John W. Severinghaus)가 논문으로 썼다. 당시 논문 제목이 「언딘의 저주」로, 어쩌면 브로드웨이에서 오드리 헵번의 무대를 보고 나서 떠오른 제목일 수도 있다.

미국 스리마일섬과 소련 체르노빌
원자력 발전소 사고의 직접적 원인이
'수면무호흡 증후군'이라는데?

'수면무호흡 증후군(피크위크 증후군)'은 비교적 최근에 알려진 병명으로, 글자 그대로 자는 동안 호흡이 일시적으로 멈추는 질병이다. '운디네의 저주'도 이 범주에 들어가는데 대개 기도, 즉 코에서 폐로 이어지는 공기 통로가 막혀 호흡 장애가 발생한다.

바로 누워서 자는 동안 목과 혀 근육의 긴장이 약해져 혀뿌리 근처, 즉 설근이라 부르는 목 안쪽으로 말려 들어가서(설근 침하) 기도를 막아 호흡이 멈춘다. 숨이 가빠지면 헐떡거리며 잠에서 깨어 정상적인 호흡을 시작한다. 그러다 다시 잠들면 혀뿌리가 목 안쪽으로 내려가며 호흡이 멈춘다. 이 과정을 하룻밤에 몇 번에서 몇십 번씩, 때로는 백 번 넘게 반복한다. 자다 깨기를 반복하며 깊은 잠을 이루지 못하게 되면 낮 동안 까무룩 선잠이 드는 습관이 생길 수 있다.

낮에 꾸벅꾸벅 졸고 낮잠이 많아지면 자칫 일에 지장을 줄 수 있다. 이럴 때 환자의 업무 성격에 따라 대형사고로 이어질 위험성도 있다. 1979년 미국 펜실베이니아주의 스리마일섬에서, 그리고 1986년 소련 체르노빌에서 일어난 원자력 발전소 노심 멜트다운 사고는 모두 수면무호흡 증후군으로 수면 부족에 시달리느라 주의력이 떨어진 담당 직원이 꾸벅꾸벅 졸다가 생긴 사고로 알려져 있다.

수면무호흡 증후군으로 인한 대형 사고는 그게 다가 아니었다. 1980년 알래스카 해안에서 일어난 액슨 밸디즈 원유 유출 사고도 바로 그 대표적 사례 중 하나로 꼽을 수 있다. 이때 좌초된 유조선에서 쏟아져 나온 원유가 대량으로 유출되며 사상 최악의 환경오염 사건을 일으켰는데, 마찬가지로 수면무호흡 증후군을 앓던 항해사가 깜빡 졸며 생긴 참사였다. 일본에서는 2003년 산요신칸센 운전사가 운행 중 꾸벅꾸벅 졸다가 원래 정차해야 할 위치보다 약간 앞에서 급정차하며 사고로 이어졌다. 이 운전사도 이후 조사 결과 수면무호흡 환자로 밝혀졌다.

수면무호흡 증후군을 앓는 사람은 대부분 코를 심하게 곤다. 설근 침하 등으로 좁아진 기도를 공기가 지날 때 나는 소리가 그 부분과 주위 공기와 공명하며 큰 소리를 내며 코골이가 발생하는 까닭이다. 여행이나 합숙, 출장 등으로 코골이가 심한 사람과 한 방을 쓰게 되면 그저 운이 나쁜 자신을 탓할 수밖에 없다. 코골이가 심한 사람 옆에서 자면 방음벽이 없는 기찻길 바로 옆에서 잠자는 기분이 들지 않을까.

젊은 시절 의대 선배들과 한 여관에서 잠을 잔 적이 있는데, 그 중 두 선배의 코골이가 무척 심했다. 한데 그들의 호흡 주기가 달라 엇박자로 코 고는 소리를 밤새도록 라이브로 감상해야 했다. 꼬르륵 숨이 멈추는 듯해서 가슴을 졸이며 귀 기울여 듣다 보면 몇십 초 후 스르르 다시 살아난다. 그리고 몇 분에 한 번꼴로 두 사람의 코골이가 화음을 이루어 합주를 완성하며 고막을 쩌렁쩌렁 울리는 굉음에 시달렸다. 그날 밤을 사자 무리 한가운데서 눈치를 보며 잠자는 초식동물처럼 잠 한숨 못 자고 꼴딱 세운 기억이 생생하다.

살이 찌면 왜 무호흡 증상이 나타날까?

영국이 낳은 대문호 찰스 디킨스의 소설 『피크위크 클럽의 기록(The Pickwick Papers)』(1836)에 틈만 나면 낮잠을 자는 뚱보 소년이 등장한다. '피크위크 증후군'은 이 소년에게서 따온 것으로 비만에 동반되는 수면무호흡 증후군을 지칭하는 용어다. 한데 살이 찌면 왜 무호흡 증상이 나타날까? 살이 찌면 목 주위 조직에도 지방이 끼고 피하지방과 점막층 지방으로 기도가 좁아져 수면 중 기도 폐색이 일어나기 쉽다.

기도 폐색으로 일어나는 수면무호흡 증후군의 유일한 원인이 비만은 아니다. 목 입구 좌우에 있는 림프 조직, 편도선이 비대해져도 기도가 좁아질 수 있다.

언젠가 우리 병원에서 있었던 일이다. 우리 병원에서 근무하는 의사 한 명이 심한 감기에 걸려 힘들어했다. 심상치 않은 듯해 목을 자세히 들여다봤더니 호두알이 좌우로 열린 듯 편도선이 심하게 부어 있었다. 한데, 간격이 2센티미터밖에 되지 않았다. 어찌 된 일인지 물어보니 역시나 수시로 낮잠을 자고 출퇴근길에 고속도로를 달릴 때도 시도 때도 없이 잠이 쏟아져서 15분 정도가 운전할 수 있는 한계 시간이라고 고백했다.

그야말로 아찔한 상황이 아닐 수 없었다. 이대로 방치하다가는 자칫 졸음운전으로 이어져 대형 사고를 낼 수도 있기 때문이었다. 성인의 편도선 적출에는 다소 위험이 따르지만 당사자를 설득해 수술을 받도록 했다. 다행히 수술 후에는 운전할 때 조는 버릇도 없어졌고, 병원 회의 도중 꾸벅꾸벅 조는 모습도 보이지 않게 되었다.

기도 폐색이 원인인 수면무호흡 증후군을 치료할 때는 잠을 자는 동안 코에 마스크를 착용하는 것이 좋다. 공기를 일정한 압력으로 보내는 지속 양압 호흡 요법이 효과적이기 때문이다. 그리고 한 가지 더 중요한 것이 있는데, 무엇보다 살이 찌지 않도록 관리해 적정 체중을 유지하는 습관을 기르는 일이다. 그러므로 나는 우리 병원을 찾는 환자들에게 몸을 부지런히 움직이고 다이어트로 식이 조절을 병행해 적정 체중을 유지하도록 노력하라고 권해준다.

수면무호흡 증후군을 '운디네의 저주'가 아닌 '멜 페러의 저주'라고 불러야 마땅한 이유

운디네 같은 깜찍한 요정을 연기할 수 있다면 신이 주신 재능과 미모를 타고난 천상 여배우다. 뉴욕 무대에서는 영국에서 건너온 전 발리레리나 오드리 헵번이 운디네를 연기했고 일본에서는 아직 풋풋한 신인이던 가가 마리코(加賀まりこ)가 게키단 시키(劇団四季)에서 가련한 주인공 운디네를 연기해 주연급으로 떠올랐다. 참고로, 한스 역은 브로드웨이에서는 멜 페러(Mel Ferrer), 게키단 시키에서는 기타오지 긴야(北大路欣也)가 맡았다. 멜 페러는 훗날 오드리 헵번과 결혼한다. 세기의 미녀를 자신의 여자로 만들었으니 그깟 저주쯤이야 얼마든지 감수할 수 있다고 생각하지 않았을까.

사진을 보면 두 명의 운디네는 모두 물방울을 머금은 듯한 청초한 물의 요정이다. 운디네는 원래 라인강 유역의 님프로 독일 민화에 등장한다. 1811년 독일 낭만주의 작가 프리드리히 드 라 모테 푸케(Friedrich de la Motte Fouqué)가 16세기 스위스 연금술사인 파라셀수스(Paracelsus)가 쓴 땅, 불, 물, 바람의 요정에 관한 라틴어 고문서를 바탕으로 이야기를 각색한 예술동화(Kunstmärchen) 『운디네』를 발표했다. 이를 프랑스의 작가 장 지로두가 희곡으로 각색했고, 그때 의식하지 않으면 호흡이 멈춘다는 '저주'를 고안했다.

그리고 정말로 그런 병이 존재했다.

파라셀수스는 의학사에도 이름을 남긴 인물로, 그는 자신의 경험을 바탕으로 병을 다섯 종류로 분류했다. 환경에서 비롯되는 병, 독극물에서 비롯되는 병, 정신에서 비롯되는 병, 마지막으로 신에게서 비롯되는 병이다. 신에게서 비롯되는 병으로 당시에는 미지의 영역이던 감염병과 뇌혈관질환 등이 포함되었다.

잠이 들면 호흡이 멈추는 선천성 중추성 폐포 저환기 증후군도 당연히 '신에게서 비롯되는 병'이 아니었을까? 파라셀수스도 자신이 남긴 기록을 근거로 이상하기 짝이 없는 병에 '운디네의 저주'라는 이름이 붙으리라고는 상상하지 못했을 것이다.

오드리 헵번은 멜 페러와 함께 무대에 섰던 1954년에 결혼해서 아이를 한 명 낳았으나 1968년에 두 사람은 이혼했다. 멜 페러의 여성 편력이 문제가 되었다. 그 후 오드리 헵번은 재혼했고 다시 이혼한 뒤 잠시 영화계를 떠나 자선사업에 전념하며 유니세프 친선대사 등을 맡으며 열정적으로 살다가 대장암으로 세상을 떠났다. 1993년의 일로 그의 나이 예순세 살이었다. 한데 '살아 있는 요정'과 결혼한 뒤 그 요정을 배신한 멜 페러는 저주에 걸렸음에도 아흔 살까지 살았다.

가련하고 깜찍한 운디네라는 요정 이름에서 따온 병명. 운디네로서는 참으로 억울한 일이 아닐까. 변심한 한스가 나쁘지 순정을 다 바친 운디네에게 무슨 잘못이 있단 말인가. 차라리 '멜 페러의 저주'라고 부르는 게 마땅하다고 나는 생각한다. 물론 병명이 주는 울림은 약해지겠지만.

16.

전설의 골퍼 바비 존스의 승승장구 질주에
급브레이크를 건 질병

— 척수공동증

20세기 초 '골프의 신' 타이거 우즈와 맞먹는
천재로 추앙받은 골퍼, 그의 이름은?

어느 나라에서나 정치인들은 골프를 좋아하나 보다. 도널드 트럼프 미국 대통령과 일본의 아베 총리는 상대 국가를 방문할 때마다 거의 예외 없이 골프장을 찾아 회동하곤 했다. 태평양 전쟁 종전으로부터 12년 후인 1957년 미국을 찾은 기시 노부스케(岸信介) 총리와 드와이트 아이젠하워(Dwight David Eisenhower) 대통령의 골프 외교를 뉴스에서 보면서 어린 시절 막연히 정치인은 모두 골프를 친다고 생각했다.

하늘에 구름 한 점 없이 맑은 날, 하늘 못지않게 푸른 잔디 위에서 힘껏 골프채를 휘두르고 하얗고 동그란 골프공이 직선에 가깝게 포물선을 그리며 200미터 이상 떨어진 홀을 향해 날아간다. 골프채 헤드가 공을 정확히 때렸을 때 느껴지는 짜릿한 손맛, 잔디밭을 데굴데굴 굴러 홀로 쏙 빨려 들어가는 공을 바라볼 때의 기분 좋은 긴장감, 골프는 중요한 사교와 교섭의 장 역할을 톡톡히 해내고 있다.

골프가 정식 스포츠로 자리 잡기 시작한 20세기 초반, 아마추어임에도 불구하고 오늘날의 '골프의 신' 타이거 우즈(Tiger Woods)에게 전혀 뒤지지 않는 천재로 추앙받은 골퍼가 있었다. 그는 스물여덟 살 나이에 아마추어 자격으로 미국과 영국의 오픈 대회에서 동시에 우승 트로피를 들어 올리며 골프에서 그랜드 슬램을 달성한 위대한 선수였으나 젊어서 은퇴했다. 은퇴 후에도 그는 여러 방면에서 활동하며 마스터스 토너먼트를 창설하는 등 멋진 활약을 펼쳤다. 하지만 뇌 신경과 질환으로 골프를 할 수 없는 몸이 되면서 대중 앞에서 모습을 감추었다. 그를 덮친 뇌 신경과 질환은 어떤 병이었을까?

기량이 최고조에 달한 최고 스타이자
기대주가 갑자기 은퇴 선언을 한 피치 못할 이유는?

로버트 존스 주니어(Robert Tyre Jones Jr., 1902~1971)는 1902년 조지아주 애틀랜타에서 태어났다. 존스 주니어는 여섯 살에 애틀랜타의 명문 골프클럽 이스트 레이크 골프클럽(East Lake Golf Club)의 어린이 토너먼트에 출전해 골프 인생의 첫발을 뗐고 그로부터 2년 후에는 파 73의 코스를 80으로 돌 정도로 성장했다. 열네 살에 조지아주 아마추어 챔피언이 되었는데 전미 아마추어 선수 중 가장 어린 출전자였다. 글자 그대로 '천재 골프 소년'이 탄생한 것이었다.

존스 주니어는 스물한 살에 전미 오픈 우승을 계기로 메이저 대회를 제패했다. 제1차 세계대전 후인 1923년의 일이다. 그는 또 1930년에 12개 오픈 챔피언십에 출전해 11차례 우승하며 그랜드 슬램의 영광을 거머쥐었다. 요즘 프로 골퍼 기준으로는 출전 시합 수가 적은 편이지만 80~90년 전이라 오늘날의 잣대를 그대로 적용할 수는 없다.

스물여덟 살에 그랜드 슬램을 달성한 직후 존스 주니어는 느닷없이 골프의 세계를 떠났다. 젊고 활력이 넘치는데다 기량이 최고조에 달한 골퍼로서 눈부신 성장이 예견되는 기대주였기에 갑작스러운 은퇴 선언이 대중에게 큰 충격을 주었다. 인생관이 바뀔 만한 어떤 사건을 겪었기 때문이라는 둥 온갖 소문이 난무했다. 그러나 사실 경기 도중 스윙 타이밍을 잡을 수 없게 되면서 고심 끝에 내린 은퇴 결정으로, 이후 투병으로 이어질 그의 건강 문제의 신호탄을 쏘아 올린 사건이었다.

바비 존스는 하버드대학교에서 영문학을 공부하고 에모리대학교에서 법학을 전공한 변호사였기에 법률가 일을 하며 골프 대중화에 힘썼다. 그는 몇 권의 골프 관련 서적을 출간했으며, 오거

스타 내셔널 골프클럽(Augusta National Golf Club)의 코스를 설계했고, 마스터스 토너먼트를 창설하기도 했다. 이후 그는 그 공로를 인정받아 회장으로 취임했다. 그가 은퇴 후 만든 대회였기에 바비 존스의 기록에는 마스터스 토너먼트 우승컵은 포함되어 있지 않다.

그런데 그의 순조로운 인생길에 병마라는 끔찍한 복병이 숨어 있었다. 어린 시절의 친구였던 한 여성 골퍼는 1950년 무렵 보조 장치를 착용하고 부축을 받으며 걷는 존스의 모습을 보고 큰 충격을 받았다

손가락이 타들어가도 통증을 느끼지 못하는 무서운 병에 걸린 바비 존스

바비 존스는 젊어서 큰 부상과 경련을 여러 차례 경험했다. 소년 시절에는 금속 재질 쓰레기통에 머리를 세게 부딪치는 사고를 당했다. 스물네 살에는 전영 아마추어 골프 선수권 대회 도중 목 경련으로 팔이 올라가지 않아 시합을 포기해야 하는 쓰라린 좌절도 겪었다.

바비 존스는 애틀랜타의 골프장에서 경기 도중 천둥 번개를 동반한 폭우를 만나 허둥지둥 클럽하우스로 몸을 피했다. 한데 안타깝게도 그 순간 클럽하우스 굴뚝에 벼락이 떨어졌고 무너진 벽

돌이 그의 머리와 어깨 위로 화르르 쏟아져 내렸다. 그의 나이 스물일곱 살 때의 일이다.

은퇴 후 바비 존스는 서서히 손과 발의 감각이 무디어졌고 비틀거리는 증상을 자각하기 시작했다. 손이 저리고 팔은 부들부들 떨렸다. 취미로 낚시를 즐겼는데, 낚싯바늘에 손가락을 찔려도 눈으로 보기 전까지 낚싯바늘에 손가락을 꿰인 줄 몰랐다. 어느 날 담배를 피우며 대화를 나누던 중 어디선가 고기 굽는 냄새가 나서 보니 손가락이 타고 있었다는 웃지 못할 이야기도 전해진다. 그런데도 정작 그 자신은 통증을 느끼지 못했고 손가락이 타들어 가는 줄도 몰랐다.

마흔여섯 살에 다리를 질질 끌며 마지막 마스터스 토너먼트에 출전했으나 그는 27 오버로 51위라는 초라한 성적을 거두었다. 마침내 애틀랜타의 에모리대학병원을 찾아가 검사를 받았고 4, 5, 6번 척수의 변형된 뼈(골극, 뼈조직이 자라나며 가시처럼 돌출하는 증상)를 제거하는 수술을 받았다. 그러나 오른쪽 팔 근육의 가벼운 위축과 오른 다리의 저림 증상은 회복되지 않았다.

몇 년 사이에 왼쪽에도 같은 증상이 차츰 나타나 쉰네 살에 뉴욕 장로교 웨일 코넬 메디컬센터(NewYork Presbyterian/Weill Cornell Medical Center) 신경 연구소를 찾아 휴스턴 메리트(Houston Merritt) 박사에게 척수공동증 진단을 받았다. 메리트 박사는 전 세계 신경과 의사들의 필독서를 집필한 저명한 뇌 신경과 전문의다.

바비 존스에게 칭찬받고 감격한 전설의 골퍼 잭 니클라우스

바비 존스는 치료병이 없는 희귀병 진단을 받았다. 이후 그는 프로로는 물론이고 취미로도 골프채를 잡지 않게 되었다. 그러나 그는 좌절하거나 포기하지 않고 변호사로 변신하여 새로운 삶을 꾸려 나갔다.

다음의 글은 그 무렵 바비 존스가 남긴 글이다.

> 나는 이 병을 아직 받아들이지 못했다. 아직도 나는 날마다 이 병과 싸우고 있다. 처음에는 이 병을 앓게 되었다는 현실에 무척 분노했다. 더는 살고 싶지 않다는 생각도 여러 번 했다. 그러나 나는 계속 살기로 했다. 어떻게 살아야 할지를 생각했고 최선을 다하며 살겠다고 결심했다.

그는 운전기사와 간병인을 고용하고 자신의 변호사 사무실에 매일 출퇴근하며 특별 주문한 쿠션을 댄 휠체어에 앉아 테니스공에 펜을 고정한 독특한 펜으로 서명했다. 그 무렵 손의 감각은 거의 사라졌고 몸을 움직일 수조차 없게 되었다. 그런데도 그는 낚시 취미생활을 계속했고 자신이 고안한 전용 보드에 앉아 상처투성이에 병으로 변형된 손으로 낚시를 즐겼다.

"자네는 골프 하기 딱 좋은 몸을 타고났네."

아직 소년이던 잭 니클라우스가 바비 존스에게 칭찬을 듣고 감격했다는 이야기도 있다.

1971년 12월 18일 바비 존스는 잠이 들듯 조용히 눈을 감았다. 일흔 살 생일을 석 달 앞둔 날이었다.

낚싯바늘에 손가락을 찔려도
담뱃불이 손가락을 지져도 알아차리지 못하게 하는
무서운 병, 척수공동증

나는 뇌 신경과 분야 최고 권위자인 메리트 박사의 진단에 감히 토를 달 생각은 없다. 메리트 박사는 자신의 경험을 바탕으로 임상 증상으로 진단했으나 요즘은 척수 MRI 검사로 공동 부분을 촬영해 영상으로 확인할 수 있다.

척수공동증(Syringomyelia)은 이름 그대로 척수 안에 틈이 생겨 점점 벌어지는 병이다. 목 주위의 척수, 목뼈에 생기는 전형적인 사례라면 매우 특징적인 임상 증상으로 MRI가 없던 시절에도 진단할 수 있었다. 어깨 부위(Lateral side of the shoulder)에 감각 장애(Sensory disturbance)가 나타나고 좌우 어깨와 팔, 손의 통증과 뜨겁거나 차가운 감각 등을 느끼지 못하게 되는데, 척수를 경계로 위아래인 목이나 가슴 등의 감각은 정상적인 상태를 유지한다.

이러한 통증과 온랭 감각신경 섬유는 척수 중앙을 지나 반대편 앞쪽에 있는 전측삭(Anterolateral band)이라는 감각 통로 부분으로 가서 그곳에서부터 뇌로 감각을 전달한다. 즉 좌우 통각과 온랭 감각은 척수를 X자 모양 어깨띠처럼 가로질러 전달된다.

그래서 척수 한가운데 공동이 생기면 신경섬유가 교차 부분에서 끊어져 그 신경이 전달하는 부분의 감각이 뇌에 전달되지 않게 되어 통증도 열감도 느껴지지 않는다. 그래서 바비 존스는 낚싯바늘에 손을 찔려도 아픔을 느끼지 못했고 담뱃불이 손가락을 지져도 알아차리지 못했다.

바비 존스는 왜 척수공동증에 걸렸을까?

공동은 서서히 커지고 상하로 뻗어나가며 감각 장애 범위가 넓어지면서 증상이 나타난다. 척수는 등뼈 안에 있는 신경조직으로 몸에서 감각을 뇌로 전달하는 동시에 팔다리 등의 근육을 움직이라는 뇌의 지령을 몸에 전달한다.

척수전각(脊髓前角)이라는 부분에는 근육에 지령을 내리는 신경세포가 모여 있는데, 공동이 이 부분까지 넓어지면 근육이 마비되고 위축한다. 대뇌피질에 있는 운동영역의 신경세포에서 보내는 지령이 전각 세포에 전달되는 전달로인 측삭(근위축측삭경화증, ALS로 손상되는 부분)에 공동이 미치면 다리가 뻣뻣해지며 마비된다. 바비 존스의 다리가 불편해진 증상도 이러한 과정을 거쳤다고 추정할 수 있다.

또 척수 안에는 혈압과 배설, 발한 등을 조절하는 자율 신경세포가 있는데 그 부분으로 공동이 확장하면 혈압이 떨어지거나 실금과 침 흘림, 땀이 나서 피부가 짓무르는 등 생활에 불편을 주는 성가신 증상이 나타날 수 있다.

아이가 척수공동증을 앓으면 근육 장애가 좌우에 불균형하게 나타나 등뼈가 굽는 측만이 생길 수 있다. 반대로 측만을 보조 기구나 수술로 교정하면 공동이 축소될 수도 있다.

선천성 기형이 원인인 경우가 많은데 척수 외상과 수막염, 출혈, 종양 등으로 인해 생기는 경우도 있다. 바비 존스에게 기형이 있었는지는 정확히 알 수 없으나 소년 시절과 젊은 시절 쓰레기통에 머리를 세게 부딪치거나 무너지는 벽돌 더미에 심각한 충격을 입는 등의 사고로 인한 외부 충격으로 척수가 틀어졌고 조직에 작은 균열이 생겨 그 균열이 점점 벌어져 공동을 형성했을 가능성이 크다.

현재 치료로는 머리에서 목으로 이어지는 부분, 뒤통수의 움푹 들어간 부분에 공간을 넓혀 척수액의 흐름을 개선하고 척수 속에 액체가 고이지 않도록 하는 대후두공감압술 등이 있다.

통증은 우리 몸을 보호하기 위한 중요한 경계경보 장치다

사고로 다치거나 몸에 화상을 입었을 때 또는 치과에서 치료를 받을 때 아프다는 감각이 없으면 얼마나 좋을까? 무시무시한 소리를 내며 치아를 파고드는 치과 드릴의 공포에 온몸이 뻣뻣하게 굳으니 말이다.

"환자분, 불편하시면 한쪽 손을 들어주세요."

치과의사의 말에 언제 닥칠지 모르는 소름 끼치는 통증을 가슴 졸이며 기다리면서 통증이 없는 세상에 살고 싶다는 마음으로 간절히 기도한다. 이 책을 읽는 독자 여러분도 아마 비슷한 경험을 하지 않았을까. 그러나 통각이 없으면 바비 존스처럼 갈고리처럼 날카로운 낚싯바늘에 찔려도, 담뱃불이 손을 지져도 알아차리지 못하고 그저 눈만 멀뚱멀뚱 뜨고 있을 수밖에 없다. 이는 엄청난 재앙이다. 우리 몸 어딘가에서 발생한 긴급 사태를 전하는 경보장치가 작동하지 않는 상태이기 때문이다. 통증은 비상 체제를 가동하라는 신호다.

실제로 우리 몸 곳곳에서 언제나 강약의 다양한 통증 신호가 척수로 전달된다. 그런데 이 통각 정보를 그대로 뇌에 전달하면 뇌는 경보가 너무 많아 공황 장애를 일으킨다. 온몸에 아프지 않은 곳이 없어 어쩔 줄 모르는 상태다.

어떤 정보가 정말로 경계경보를 발령해야 할 정도로 긴급한 정보인지를 판별해야 한다. 지금은 내각의 담당자가 총리 귀에 들어가야 할 중요한 정보인지를 판단하고 선별해서 전달한다. 마찬가지로 사람의 감각계에도 중요한 통증 신호를 선별하는 시스템이 있다. 이 시스템을 '관문조절이론(Gate Control Theory)'이라고 부른다.

통증을 완화하는 진통제도 예전에는 염증을 억제하는 약이 주류였는데, 통증 전달 기전과 억제 방법 등 뇌의 메커니즘이 규명되며 다양한 약물을 사용하게 되었다.

17.

페라리사 창업자의
촉망받는 후계자를 요절하게 한 질병

ㅡ 근위축증

10년간 승리를 거머쥐며 모터 스포츠계를 평정한 미하엘 슈마허의 빨간색 페라리

내가 일하는 병원이 있는 스즈카라는 지역은 모터 스포츠의 메카로 알려진 고장으로 F1 그랑프리 등 세계적으로 유명한 대회가 자주 열린다.

매년 가을이 되면 F1 레이스의 일본 그랑프리 시즌이 시작되고 시운전이나 튜닝을 하면서 발생하는 F1 머신 엔진 굉음을 서킷에서 5~6킬로미터 떨어진 병원에서도 들을 수 있다.

몇 년 전까지는 미하엘 슈마허(Michael Schumacher) 선수가 빨간색 페라리 머신을 끌고 10년 동안 승리를 거머쥐었기에 앞발을 높이 들고 힘차게 일어선 말 페라리 엠블럼이 온 동네를 수놓았다.

페라리가 일반인을 위해 내놓은 스포츠카로 '디노 페라리(Dino Ferrari)'라는 모델이 있다. 한데 디노는 페라리 가문의 후계자로 난치병을 앓았다.

최고의 레이싱 머신 드라이버를 꿈꾼
페라리사의 창업자 엔초 페라리,
자신이 못 다 이룬 꿈을 아들 디노에게 걸다,
그러나……?!

어린 알프레도 페라리(Alfredo Ferrari)는 레이싱 머신 드라이버를 꿈꿨다. 그의 본명은 알프레도였으나 모두 애칭인 '디노'로 불렀다. 아버지인 엔초 페라리(Enzo Anselmo Ferrari)는 아들이 아기였을 때부터 이다음에 레이싱 머신의 드라이버가 되어 대회에 나가 우승하라고 귀에 딱지가 앉도록 이야기했다.

엔초는 한때 밀라노의 알파 로메오사의 테스트 드라이버였고 레이스를 달린 경험도 있었다. 알파 로메오사는 이탈리아의 유명한 자동차 기업이다. 그러나 그 회사에는 엔초보다 운전 기술이 더 뛰어난 드라이버가 있었다. 엔초는 모터 레이서의 길을 포기하고 알파 로메오사의 카레이싱 팀 매니지먼트 회사로 스쿠데리아 페라리(Scuderia Ferrari)를 세웠다.

엔초는 창업 후에도 종종 레이스에 출전하여 굉음을 내며 달리곤 했다. 그러나 1932년에 아들 디노가 태어나자 엔초는 레이스에서 발을 뺐다. 그는 자신이 이루지 못한 꿈을 아들에게 걸었다. 디노가 운전대를 잡고 메르세데스 벤츠에게도 지지 않는 페라리의 서포팅 팀이 디노를 뒷받침해 우승컵을 들어 올린다는 원대한 계획을 세웠다.

그런데 디노는 천성적으로 몸이 약했다. 한창 뛰어놀 나이에도 뒤뚱뒤뚱 걸었고 한번 넘어지면 다른 아이들처럼 툭툭 털고 일어나지 못했다. 아무리 봐도 레이싱 머신을 몰고 격렬한 드라이빙을 할 만한 몸이 아니었다. 초등학교를 졸업할 무렵에는 제대로 걷지도 못할 정도로 상태가 나빠졌다. 엔초는 방향을 바꿔 아들 디노에게는 머리를 쓰는 일을 하라며 자신의 회사를 물려줄 준비를 차근차근 시작했다.

스물네 살 젊은 나이에 요절한 알프레도 페라리

그 무렵 엔초 페라리는 알파 로메오사와 관계를 청산하고 페라리의 독자적인 레이싱 머신을 개발하기 시작했다. 그 결과 1950년에 제1회 포뮬러1(F1) 레이스에 참가했고 이듬해에는 우승컵을 들어 올렸다.

제2차 세계대전이 끝나고 세계는 광명을 되찾았고 모터 스포츠 애호가도 급속히 늘어났다. 엔초는 우승한 머신을 바탕으로 일반인을 위한 스포츠카를 개발해 판매하여 많은 이익을 얻었고 사업도 순조롭게 성장했다. 아들에게는 자신의 사업을 물려주겠다며 스위스 학교에서 자동차 공부를 하게 했다.

그러나 디노는 근육이 약해지며 점점 힘이 없어졌고 나날이 야위어 갔다. 체력이 떨어질 대로 떨어진 디노는 2년 만에 유학을 중단해야 했다. 그는 어쩔 수 없이 이탈리아로 돌아와 대학에서 공부를 마치고 난 뒤 페라리사에 입사했다. 그는 제대로 경험과 지식을 쌓기 위해 1,500cc V형 6기통 엔진 개발팀에 합류했다. 이때 개발된 엔진은 나중에 F2 레이스 차량의 엔진으로 사용되었고, 더 나중에 대형 개량형이F1 머신에도 탑재되었다. 그러나 디노는 끝내 이 엔진의 완성을 보지 못했다.

그는 뒤시엔 근이영양증(Duchenne muscular dystrophy)을 진단받고 병원에 입원해 임종 직전까지 병실에서 기술자들과 6기통 엔진을 주제로 열띤 토론을 벌였다. 1956년 6월, 알프레도 페라리는 스물네 살 젊은 나이에 세상을 떴다.

페리리사는 뜻을 이루지 못하고 요절한 디노를 추모하며 기념차량을 제작했다. 초보 엔지니어로 그가 개발에 참여한 V형 6기통 엔진을 탑재한 스포츠카에 '디노'라는 이름을 붙여 세상에 내놓았다.

디노를 추모하는 사업은 여기서 끝나지 않았다. 엔초는 밀라노대학교 의학부에 첸트로 디노 페라리(디노 페라리 센터)라는 이름의 연구소를 개설했다. 1978년의 일이다. 이 연구소는 근위축증 등의 난치병 연구와 계몽 활동에 앞장서며 이탈리아에서 이 분야의 메카로 자리매김했다.

뒤시엔 근이영양증 진단을 받은 디노, 그러나 사실은?

근위축증은 근육에 장애가 생겨 위축되며 근육의 힘이 없어지는 질병이다. 근위축증은 근디스트로피(Muscular dystrophy) 또는 '이영양증(異榮養症)'이라고도 한다. 이영양증을 글자 그대로 풀이하면 영양에 이상이 생겨 발달 장애가 생긴다는 뜻이다. 체격이 좋은 사람은 영양 상태가 좋고 비쩍 마른 사람은 영양 상태가 나쁠 확률이 높듯 영양 상태에 문제가 있으며 근육 발달이 저해되어 서거나 걸을 수 없게 되고 손아귀 힘도 없어지는데, 이런 증상은 점점 심해진다.

뒤시엔 근이영양증은 유아기에 걸음마가 늦는 경우가 많다. 또래 아이들이 걸음마를 떼고 뛰어다닐 때도 겨우 뒤뚱뒤뚱 걷기만 하고 열 살 무렵에는 심지어 걸을 수조차 없게 되어 휠체어 생활을 시작하게 된다. 원칙적으로 뒤시엔 근이영양증은 남자아이에게만 발병하는 성연관 열성 유전 질환이다. 디노는 뒤시엔 근이영양증 진단을 받았으나 사실은 유전자 이상이나 증상이 가벼운 베커 근이영양증(Becker muscular dystrophy)일 가능성도 있다. 왜냐하면 아버지 엔초 페라리, 그리고 엔지니어와 함께 엔진을 둘러싸고 이야기 나누는 사진 속 스무 살 무렵의 모습은 등을 똑바로 편 자세이기 때문이다.

근위축증이라는 질병을 연구하고 발견한 뒤시엔 박사는 어떤 인물인가?

디노가 신형 엔진 개발에 참여했듯 근위축증은 비록 몸은 자유로이 움직일 수 없어도 머리는 빠릿빠릿하게 돌아가는 사람이 많다. 우리 병원에는 근위축증 환자가 여러 명 입원해 있다. 그중에는 2008년에 열린 도야코 서밋 공식 엠블럼을 디자인한 뒤시엔 근이영양증 환자도 있다. 또 2016년 이세시마 서밋 로고 공모전에서 6위에 들어 총리 관저에서 아베 총리에게 상을 받은 환자도 있다. 그리고 다른 병원 환자 중에는 박사 학위를 취득한 사람도 있다.

근위축증은 옛날부터 존재했다. 그러나 19세기가 되어 비로소 이탈리아와 영국에서 의학적으로 알려지게 되었다. 그리고 19세기 중반 기욤 뒤시엔 드 불로뉴(Guillaume Amand Duchenne de Boulogne, 1806~1875) 박사가 상세하게 임상 증상을 관찰해 논문을 집필했다.

뒤시엔 박사는 1806년에 영국과 프랑스 사이 도버해협에 면한 프랑스 측 불로뉴쉬르메르에서 태어났다. 뱃사람이던 아버지는 나폴레옹 함대의 승조원으로 영국 침공에 대비해 그 지역에서 차출되었다. 패배한 해군 장교의 아들이 아버지의 근무지였던 시골에서 공부에 매진하고 도시로 나가 의학을 공부해 자수성가한 인생은 내 인생과 겹쳐져 친밀감이 든다. 의학에 대한 공헌도는 압도적으로 차이가 나지만 말이다.

뒤시엔 박사는 파리로 상경했으나 대학과 대학병원에는 적을 두지 않았고 그 대신 개업의로 일했다. 뒤시엔 박사는 뛰어난 관찰력을 겸비했으며 연구 정신이 투철했다. 그는 날마다 진료를 하며 만난 근육병 아동과 환자들을 상세히 지켜보며 자신이 고안한 바늘로 근육에서 채취한 근육세포를 현미경으로 관찰해 그림으로 그렸다.

뒤시엔 근이영양증 환자들에게
상상조차 못하던 일을 가능하게 해준 첨단기술

안타깝게도 뒤시엔 근이영양증 환자들은 대부분 스무 살 무렵에 짧은 생을 마감한다. 이 병이 팔다리 근육뿐 아니라 호흡에 필요한 근육과 심장 근육에까지 문제를 일으키기 때문이다. 호흡이 약해진 젊은 환자를 간호사들이 교대로 쉬지 않고 일 년 넘게 가슴을 밀어 올리며 인공호흡기를 부착해 생명을 유지했다는 이야기가 우리 병원에서도 전설처럼 전해 내려오고 있을 정도다.

1990년 무렵 사태가 급변했다. 소형으로 합리적인 가격의 보급형 인공호흡기가 의료 현장에서 사용되기 시작하며 호흡 부전으로 사망하는 환자가 크게 줄어들었다. 최근에는 인공호흡 장치로 33세 전후까지 생존한다는 통계 조사가 있다. 예전과 비교하면 10년 넘게 수명이 연장되었다. 가장 오래 산 환자는 마흔여덟 살까지 살았고, 이 기록은 나날이 경신되고 있다.

전동 휠체어 보급도 혁명을 일으켰다. NASA가 개발한 무게를 분산시키는 기능이 있는 저반발 쿠션에 앉아 아주 작은 힘에도 반응하는 조이스틱을 사용해 자유자재로 조종하고 고속으로 장애물을 피하며 매끄럽게 움직일 수 있다. 게다가 디노 페라리가 부러워할 만한 병원 내 질주도 가능하다.

결정적 한 방은 인터넷이 만들었다. 컴퓨터 키보드와 터치패널을 거의 움직이지 않는 손과 혀, 얼굴 근육을 사용해 조종하거나 모니터 위의 키보드에 시선을 주거나 눈을 깜빡이기만 해도 움직일 수 있는 안구 키보드와 안구 마우스 등의 장치 덕분에 전 세계와 이메일을 주고받고 온갖 웹사이트에도 접속할 수 있다.

혼자서 미국 근위축증협회와 항공회사 등에 이메일을 보내 하와이나 라스베이거스까지 해외 여행 계획을 세운 후 인공호흡기를 부착하고 해외 나들이를 다녀온 환자도 있다. 비용은 여행에 동반한 부모님이 대주셨단다.

이처럼 21세기의 기술이 뒷받침되면 환자들의 세계는 3차원 공간뿐 아니라 시간적으로나 정신적으로도 5차원에 걸쳐 넓어질 수 있다.

뒤시엔 근이영양증이 남자에게만 발병하는 이유는?

근위축증은 유전 질환이다. 뒤시엔 근이영양증은 색각 이상이나 혈우병처럼 성염색체 열성 유전으로 알려진 유전 질환으로 원칙적으로는 어머니를 통해 유전되어 아들에게서만 발현된다.

염색체란 유전자 정보가 새겨진 DNA 덩어리로 사람은 하나의 세포에 46개를 가지고 있다. 2쌍이 한 세트를 이루어 22세트, 이를 상염색체라고 한다.

하나의 상염색체에 새겨진 유전 정보 이상이 나타나는 병을 '상염색체 우성 유전 질환'이라 부르고, 우디 거스리의 헌팅턴병처럼 부모에게서 자식으로 유전된다. 또 쌍을 이룬 염색체 양쪽에 비정상적인 유전자 정보가 있을 때 나타나는 '상염색체 열성 유전 질환'이 있다. 이는 근친혼 등으로 나타나기 쉽다.

성염색체로 여성은 X염색체 2개, 남성은 X염색체 하나, Y염색체 하나를 가진다. 이 X염색체에 이상한 유전자가 있으면 X염색체가 하나밖에 없는 남성에게서 발병한다.

X염색체가 두 개 있는 여성은 이상이 있는 X염색체의 나쁜 정보를 정상적인 다른 쪽 X염색체 유전자가 보완해 발병하지 않거나 발병해도 증상이 가볍다. Y염색체에는 유전 정보가 적고 세포

와 몸을 남성형으로 방향 전환하는 게 주된 역할이다.

근위축증으로 뒤뚱뒤뚱 걷던 강아지가
유전자 치료를 받은 뒤
씩씩하게 뛰노는 기적이 일어나다

뒤시엔 근이영양증은 1986년에 최초로 유전자 이상이 밝혀진 질병으로 '디스트로핀(Dystrophin)'이라는 단백질이 생성되지 않아 근육이 파괴된다. 디스트로핀은 근육의 세포막과 세포의 골격을 만드는 구조 사이를 연결하고 외부에서 오는 힘의 충격을 완화하는 완충장치 역할을 한다. 다른 유형의 근위축증도 이 디스프로핀과 접속하는 부위의 단백질 이상이 있음이 연구로 밝혀졌다.

그러나 유전자 이상과 결손 단백질의 존재를 알게 되어도 유전자 치료에는 거의 진전이 없었다. 디스트로핀 유전자는 인체에서 두 번째로 큰 유전자로 외부에서 세포 안으로 가지고 들어올 수 없다.

21세기에 들어선 지 얼마 지나지 않았을 무렵, 디스트로핀 유전자 장애가 있는 비글 강아지에게 엑손 스키핑(Exon skipping)이라는 방법으로 유전자 이상 부분을 작동하지 못하게 만들어 유전자 치료를 시행하는 DVD를 본 적이 있다. 뒤뚱뒤뚱 불안한 걸음으로 걷던 강아지가 치료를 받고 나서는 씩씩하게 뛰놀며 연구자들의 꽁무니를 졸졸 따라다녔다.

이후 10년 넘게 세월이 지난 2016년 9월에 가까스로 미국 식품의약품 안전국에서 치료법으로 승인되었다. 실험동물과 달리 새로운 치료법을 환자에게 사용해 실패하면 돌이킬 수 없는 일이 일어날 수 있으므로 신중에 신중을 더해 시도해야 한다. 또 디스트로핀 유전자 이상 부위는 사람에 따라 달라서 그 사람에게 적합한 약품을 새로 만들어야 하기에 언제 어디서, 그리고 누구든 치료할 수 있기까지는 아직 좀 더 많은 시간이 필요하다.

하지만 신경 난치병으로는 최초로 유전자 치료의 길이 열려 앞으로의 성과가 기대된다.

후기

나는 이 책에서 다룬 온갖 질병을 진단하고 치료하는 신경과 전문의로 일해왔다. 1975년 대학 의학부를 졸업한 후부터이니 반세기에 가까운 긴 세월을 이 일로 보낸 셈이다. 신경과 전문의로 일하면서 나는 의료업에 종사하는 사람들을 대상으로 의학 지식을 가르치기도 했다. 그때마다 임상의로서 간호사나 의료·복지 관계자들에게 뇌와 신경이란 무엇인지, 뇌 관련 질환에는 어떤 질병이 있는지, 어떻게 그 병을 다루고 치료해야 하는지를 제대로 전수하고자 최선을 다했다.

강의나 강연에서 주의할 점을 하나만 꼽자면, 교과서에서 나오는 내용을 곧이곧대로 늘어놓듯 전달해서는 곤란하다는 사실이다. 왜냐하면 열에 여덟아홉은 수강생이 이해하지 못한 채 넘어가기 쉽기 때문이다. 해당 분야 전문가인 나조차 이 분야의 의학 서적을 읽으면 바로 이해할 수 없는 내용이 적지 않은데, 왜 안 그렇겠는가.

강의를 하기 전, 다방면의 심도 있는 연구가 뒷받침되어야 하는 것은 이런 연유에서다. 그러므로 나는 의대생을 모아놓고 강의할 때를 제외하면 되도록 전문 용어를 사용하지 않고 쉽게 풀어 설명하려고 노력했다. 또한 흥미로운 에피소드를 섞어 강의 내용이 지루하지 않게 함으로써 정말 중요한 내용을 놓치지 않게 하려고 애를 쓰기도 했다. 그런 노력의 일환으로 중요한 인물들의 뇌질환이 세계사에 어떤 영향을 끼쳤는지 세밀히 조사하여 일반 독자도 이해하기 쉽게 설명한 글을 모아 이 책을 썼다.

이 책의 편집 과정에 빨간 펜을 들고 저자 교정을 보면서 세계사에 이름을 남긴 많은 위인과 유명인이 뇌질환으로 고생했고, 때로 그 병으로 인해 역사의 물줄기마저 달라졌음을 새삼 실감했다. 책의 콘셉트와 출간 취지를 고려할 때 한 사람 한 사람의 위인을 다루며 그가 앓았던 질병뿐 아니라 역사적 배경과 흐름, 판도도 놓치지 않아야 했다. 그런 터라 영어, 일본어 가리지 않고 각종 문헌을 찾아 읽으며 치밀하게 조사하고 집필하는 일은 당연히 치러야 할 수고였다.

아무튼 이런 모든 과정이 내겐 즐겁고 소중한 시간이었다. 특히 국립병원기구의 병원장이 되어 경영과 병원 관리, 산더미 같은 서류에 치여 살던 시점이라 글을 쓰는 시간이 더욱더 귀중하게 여겨졌다. 이 책의 집필 과정이 내게 큰 기쁨과 보람을 안겨주었듯 독자 여러분에게도 작게나마 기쁨을 주고 세계사를 바라보는 새로운 관점과 통찰력의 실마리를 마련해주었으면 하는 바람이다.

참고문헌

제1부

마쓰이 노조미(松井望) 외, 『정신의학(精神医学) 29』, 857-864, 1987

Foote-Smith, E.et al., 『Joan of Arc. Epilepsia 32』, 810-815, 1991

Gastaut, H., 『Fyodor Mikhailovich Dostoyevsky's involuntary contribution to the symptomatology and prognosis of epilepsy. Epilepsia 19』, 186-201, 1978

萬屋錦之介, 『わが人生 悔いなくおごりなく』, 東京新聞出版局, 1995

제2부

보리스 옐친 지음, 조영환 옮김, 『고백』, 하늘땅, 1990

Bengt Ljunggren, 《Great Men With Sick Brains&Other Essays》, American Association of Neurological Surgeons, 1990

Grant's Migraine, 『Headache 41』, 925-926, 2001

J. W. Wheeler-Bennett, 『Hindenburg. The Wooden Titan』, Macmillan, 1967

加瀬俊一, 『바이마르의 석양- 히틀러가 등장하기까지 1918-1934(ワイマールの落日—ヒトラーが登場するまで1918-1934)』, 光人社, 1998

林健太郎, 『바이마르 공화국(ワイマル共和国)』, 中央公論新社, 1963

Lord Moran, 『Churchill Taken from the Diaries of Lord Moran』, Houghton Mifflin Co, 1966.

Ottmar Katz, 『Theo Morell Medecin de Hitler』, Éditions France-Empire, 1983

川村純一郎 · 高塚勝哉 · 川本未知, 『パーキンソン病患者は地震にどのように対応したか?』, 神戸市立病院紀要, 38: 5-8, 2000

제3부

보들레르, 『악의 꽃』

장 지로두, 『장 지로두 전집 제5권』, 1958

Claude Pichois, 『Baudelaire』, Hamish Hamilton, 1989

『Lerner BH: When illness goes public: Celebrity patients and how we look at medicine』, Johns Hopkins University Press, Baltimore, 2006

사진 크레디트

표지 Snowboard School / Shutterstock.com | 011, 138, 272 rob zs / Shutterstock.com
100, 110, 166~167 Everett Collection / Shutterstock.com
106 Roman Nerud / Shutterstock.com | 156 Elzbieta Sekowska / Shutterstock.com
179 Shan_shan / Shutterstock.com | 194 kuzmaphoto / Shutterstock.com
195 DmyTo / Shutterstock.com | 214 Natata / Shutterstock.com
222~223 mark reinstein / Shutterstock.com | 240 Anton_Ivanov / Shutterstock.com
302 Frank11 / Shutterstock.com